아주 특별한 만찬

# 아주 특별한 만찬

**발행일** | 2004년 7월 15일 1판 1쇄
**지은이** | 김숙경
**편　집** | 문종남 · 안자미 · 양수정
**디자인** | 김선주
**마케팅** | 이유섭
**발행처** | 도서출판 아름다운 인연
**인　쇄** | (주)미진칼라인쇄

**출판등록** | 제 300-2003-120호
**등록일자** | 2003년 7월 3일
**주소** | 서울시 종로구 견지동 45번지
**전화** | 02 · 2011 · 1880~1
**팩스** | 02 · 720 · 6019
**E-mail** | inyeon@buddhism.or.kr

ISBN 89-955178-1-6  03100

책값은 뒷표지에 있습니다.

# 아주 특별한 만찬

## 김 숙 경

"아주 특별한 만찬에 당신을 초대합니다."

아름다운인연

# 천도제

꿈을 꾼다.

하얀 한복을 단정하게 차려입은 남녀 학생 한 무리가 하얀 항아리를 하나씩 품에 안고 어디론가 줄지어 걸어가고 있다.

'학예회가 있나 보다……'

그들의 행렬을 물끄러미 바라보고 섰던 나는 어느덧 그들의 뒤를 따라 걷기 시작했다.

그렇게 얼마를 따라 걸었을까, 문득 그들과 내가 산들이 사방으로 겹겹이 둘러싸인 깊은 산중에 들어서 있다는 것을 알게 되었다.

말 그대로 첩첩산중이랄 수 있는 그 곳에서 그들은 거의 수직에 가까운 절벽을 오르기도 하고, 오금이 떨릴 정도로 가파른 골짜기를 타고 내려가기도 하며 끝없는 행군을 계속하고 있었다.

그들의 뒤를 따르는 내 몸뚱이는 말할 수 없이 힘에 겨웠지만 정작 그들은 아무런 내색도 없이 하얀 항아리를 더러는 어깨에 얹고 더러는 가슴에 안은 채 묵묵히 그 길을 가는 것이었다.

'도대체 어찌된 영문일까?'

나는 내심 의아해 하면서도 있는 힘을 다해 그들의 뒤를 쫓았다.

아주 특별한 만찬

마침내 숨이 턱에 차오르고 온 몸의 기운이 소진되어 그만 털썩 주저앉으려는 차에 전화벨이 울렸다.

잠결에도 얼마나 용을 썼는지 몸을 가누기가 힘들 정도였다.

가까스로 팔을 뻗어 머리맡의 전화기를 집어 들었다.

친한 대학 동기였다.

"조계사에서 천도제가 있대. 망자들의 영혼을 달래기 위해서 경내에 하얀 등을 단다는데……."

하얀 등?

순간 꿈 속의 학생들이 품에 안고 있던 하얀 항아리를 떠올리며 나도 모르게 탄성을 질렀다.

"아! 그렇구나, 바로 그 꿈이었구나!"

무거운 항아리를 하나씩 가슴에 안은 채 험난한 산길을 오르내리던 그들.

'그래! 그랬었구나. 네가 가는 길이 그렇게 힘든 길이었구나……'

숨이 차고 힘에 겨워 온몸이 부서져 내릴 것 같던 꿈 속의 고통이 되살아나 새삼 가슴이 미어져 왔다.

마음써 준 동기에게 일단 고맙다는 말을 남기고 전화를 끊었다.

그러나 머릿속은 오히려 혼선된 전화처럼 복잡하게 얽혀져 왔다.

살아생전 기독교에 몸을 담았던 그 애…….

'그 애의 영혼을 위해 하얀 등을 달아 주어도 무방한 것일까?'

'무슨 상관이야, 망자의 영혼을 위로하는 일인데 종교가 다른 게 무슨 문제가 될까, 마음이 중요한거지.'

'아니야, 누군가는 그렇게 하면 영혼이 헷갈려서 더 힘들어 한다고 하던데……. 정말 괜찮을까?'

그렇게 생각하면 생각할수록 점점 더 결정을 내리기가 힘든 지경에 빠져들었다.

어찌해야 좋을지 몰라 전전긍긍하는 와중에도 나는 왠지 절 앞마당에 걸려 있다는 그 하얀 등이 보고 싶어 견딜 수가 없어졌다.

'그래 일단 가면서 생각하기로 하자.'

나는 서둘러 집을 빠져 나와 조계사행 84번 버스에 몸을 실었다.

차 안에서도 내내 그 생각에 골몰해 있던 나는 결국 어떠한 결정도 내리지 못한 채 버스에서 내려야만 했다.

그런데…… 버스에서 내려서는 순간 나는 눈앞에 펼쳐진 광경에 넋이 나가 더 이상 아무 생각도 할 수 없었다.

그것은 기대 이상이었다.

경내의 너른 허공을 가득 채운 수백 수천의 하얀 등!

초저녁 흐린 하늘을 부시도록 수놓은 하얀 등의 행렬에 하나 둘 불이 켜지고 있었다.

때마침 불어오는 저녁 바람이 달래듯 어르듯 등의 얼굴을 하나하나 부드럽게 어루만지며 지나갔다. 바람의 위로에 회답이라도 하는 양, 등은 일제히 하얀 몸을 뒤척였다.

그 모습은 마치 수천 마리의 흰나비 떼가 날갯짓하며 하늘 가득 날아오르는 것 같았다.

'얼마나 고귀한 넋들이기에 이다지도 순결하게 흔들리는가.'

나도 모르게 두 손이 가슴 언저리에서 모아졌다.

그리고 내 가슴 속에도 하얀 등 하나를 달았다.

이 글을 동생이자 동료인 판화가 김효제에게 바친다.

# 차례

아주 특별한 만찬

# 놀이를 시작하며

꽤 오래 전 나의 학부 시절 전공은 조각이었다.

돌을 쪼고, 나무를 깎고, 용접을 하고, 흙을 빚어 크고 작은 소조상(塑彫像)을 만들고, 말할 수 없이 복잡한 과정을 거쳐 석고 틀을 떠내고, 그 속에 합성수지 혼합액을 부어 형상(形像)들을 굳혀 내고……. 육체노동의 비중이 정신노동을 훨씬 능가하는 그런 작업을 하면서 내가 줄곧 들어야 했던 말은 작품이 너무 개념적이라는 것이었다.

"자네는 생각이 너무 많아."

결국 그 많은 생각들을 어찌하지 못해서였을까? 졸업을 하고도 오랜 세월이 흐른 뒤 나는 갑자기 이론을 하겠다고 덤벼들었다. 그러나 논문을 쓰면서 내가 다시 듣게 된 말은 글이 너무 감각적으로 흐른다는 것이었다. '개념적인 작품'과 '감각적인 글'…….

무엇이 잘못이었을까? 아니, 개념적이면서 동시에 감각적인 그런 건 없을까? 그런데 그게 대체 무얼까?

실기를 하면서 시작된 방황은 이론의 길에 접어들어서도 여전히 계속되었다. 항상 무언가에 심한 갈증을 느꼈지만 정작 그 갈증의 의미를 몰랐다. 그래서 끊임없이 그 무엇인가를 찾아 헤맸다. 그러나 진정 내가 찾고 있는 것은 무엇이었을까?

　오래 전부터 궁금한 게 있었다. 철학과 과학과 역사와 문화와 음악과 미술과 시와 소설과…… 이 모든 장르가 하나로 합쳐지면 무엇이 될까? 그런 건 이 세상에 없는 걸까?

　합리적이면서 동시에 신비적인, 절대적이면서 동시에 상대적인, 이성적이면서 동시에 감성적인, 유신론적이면서 동시에 무신론적인, 그런 세상을 꿈꿀 순 없는 걸까.

　지금부터 올리게 될 글들은 바로 이런 물음의 연장선상에서 쓰여졌다. 이제 필자는 이 모든 다양한 장르들이 혼재하고 서로 상반된 논리들이 공존하는 혼돈의 물줄기 속으로 독자들과 함께 빠져들고자 한다.

　이 글들은 자체 내에서 어느 정도 탈장르화 되어 있음에도 불구하고 글의 짜임과 읽기의 편리를 위하여 크게 문화, 역사, 과학, 예술, 철학의 다섯 영역으로 나누어 구성하였으며 동서고금의 다양한 소재를 취해 소설, 시나리오, 에세이, 기행문, 서간문, 대화문, 평론 등 그에 걸맞는 다양한 글쓰기 방식으로 엮어가고 있다.

　그러나 이들이 가지는 공통의 주제는 전통 형이상학이 추구해온 온갖 중심주의의 해체와 이원론의 극복, 그리고 서로 간의 만남과 얽힘을 이야기하는 데에 있다고 할 수 있다. 말하자면 동서고금의 모든 학문과 예술이 한 목소리로 '다양성'과 '불확정성'과 '상호 만남과 얽힘'을 이야기하고 있는 것이다. 각 장르별로 이러한 현상이 어떻게 적용되어지고 있으며 또한 어떤 방식으로 전개되어 가는지에 주목하는 것 또한 이 책을 흥미 있게 읽을 수 있는 한 방법이라 하겠다.

이 책을 처음부터 읽어 내려가다 보면 요소요소에서 '차연(差延)'이라는 낯선 단어와 마주치게 될 것이다. 차연은 프랑스 철학자 자크 데리다가 만들어낸 신조어(新造語)로 이 책 내용의 전반적인 주제가 되는 '중심의 해체'와 '이원론의 극복'을 단적으로 드러내는 용어라고 할 수 있다. 따라서 이책에 실린 대부분의 글들은 바로 차연의 원리를 적용하여 쓰여졌다 해도 과언이 아닐 것이다.

그러나 이 책을 읽어 나감에 있어서 필자가 권하고 싶은 것은 마치 술술 풀려가던 실타래의 매듭처럼 문득문득 불편하게 다가오는 '차연'이라는 낱말에 독자들께서는 크게 얽매이지 말라는 것이다. 어떤 방식으로도 '존재란 이런 것이다'라고 확정지을 수 없다는 '존재의 불확정성'이 바로 차연이 가지는 특성이므로 차연을 정확히 이해한다는 것은 불가능한 일이다. 세상에 대한 모든 인지방식이 그렇듯이 그 자체로 느끼는 것이 중요하다. 따라서 단어에 대한 집착을 버리고 자연스럽게 놀이의 흐름을 따라가다 보면 딱 꼬집어 정의할 수는 없을지라도 차연이 어떤 것이라는 느낌이 차츰 다가올 것이다.

아마도 이 책을 다 읽어 갈 때쯤이면 우리는 차연에 대한 어렴풋한 이해와 더불어 차연이 아니어도 이 세상에 딱 꼬집어 정의할 수 있는 것은 하나도 없다는 사실 또한 함께 긍정하지 않을 수 없게 될 것이다.

서문의 제목이 뜻하는 바와 같이 이 책의 글들은 놀이 형식을 띠고 있기 때문에 처음부터 차연에 대한 이해가 없어도 책을 읽어 나가는 데는 전혀 무리가 없으리라 본다. 그래도 굳이 차연의 뜻을 먼저 이론적으로 접근해 보고자 하시는 분들은 〈제5장〉 철학놀이를 먼저 읽어 보시기 바란다.

이 글들은 앞서 나열한 다섯 영역에서 각각 놀이 형식과 대담 형식으로 구성되어 있으며 대담은 놀이의 주제를 드러내는 역할이라 할 수 있는데 독자의 선택에 따라 어느 것을 먼저 읽어도 무방하다.

각 장별로 구성되어 있는 대담은 각 장에서 보여지는 해체주의적 경향과 불교의 만남을 통해 상호간의 공통점을 이야기하는 방식으로 엮여 있다. 이는 특별히 불교라는 종교적 특성 안에서 찾아볼 수 있는 해체적 경향에 주목함으로써 여타 학문에서 드러나는 이론적 한계를 넘어서 실천의 문제로까지 이끌어 보고자 하는 취지의 발로에서라 할 수 있다.

모든 학문은 인간의 문제, 삶의 문제를 떠나서 존재할 수 없으며, 이 글들도 결코 인간의 이야기, 삶의 이야기에서 벗어난 그 무엇이 아니기 때문이다. 이론과 실천 역시 동전의 양면처럼 뗄 수 없는 관계로 공존하는 것이다.

각 장이 끝날 때마다 책 내용과는 별도의 짧은 글들로 엮어진 〈쉬어가기〉를 두어 숨을 고르는 일종의 휴식 공간을 꾸며 보았으며, 마지막으로 '놀이를 마치며'에서는 이 책이 엮여지기까지 필자의 사유역정과 나름대로의 소감을 이야기하는 것으로 마무리하였다.

글의 성격상 인용문을 사용함에 있어서는 대부분 주를 달거나 그 밖에 별도로 출처를 밝히지 않았으며 단지 따옴표로 묶어 표시해 두었음을 밝혀 둔다.

이 자리를 빌어 함께 대담을 엮어 주신 각묵 스님께 감사의 합장을 올린다. 필자에게 있어서 각묵 스님과의 인연은 참으로 복된 것이어서 불교의 참뜻에 다가갈 수 있는 소중한 기회를 얻게 되었음은 물론, 그 말씀 속에서 그동안 해결을 보지 못하고 오랜 숙제처럼 남아있던 이론과 실천의 연결고리를 획득하는 행운까지도 얻어 누릴 수 있었다.

어찌해서 나와 남은 가를 수 없는 존재이며 나는 필연적으로 남을 위해 살 수 밖에 없는지 그 이유를 깨닫게 된 순간에는 경이로움마저 밀려들었다. 모든 것은 연기(緣起)의 법칙으로 얽혀 있었던 것이다. 그리고 그것은 곧 해체주의에서 말하는 '상호텍스트'의 세계에 다름 아닌 것이다.

학교를 떠난 지 오랜 필자에게 있어서 소중한 배움의 터전이 되어 주었던 철학아카데미의 은사님들께도 이 자리를 빌어 감사의 말씀을 드리고 싶다. 철학아카데미에서 공부했던 지난 4년의 시간들은 필자에게 동서고금의 철학을 비롯하여 역사, 문화, 예술, 과학 등 제반 학문에 진정으로 다가갈 수 있는 계기가 되어 주었다. 그런 의미에서 철학아카데미 또한 필자에게는 귀한 인연이라 아니 할 수 없다.

그동안 부족함이 많은 필자에게 늘 관심을 보여 주시고 격려와 조언을 아끼지 않으신 이정우 원장님 이하 모든 철학아카데미 선생님들께 깊이 감사의 말씀을 드린다. 이 책을 엮음에 있어서 이현구 선생님께서는 동양철학 쪽의 글들을 감수해 주셨으며 조광제 선생님, 박정하 선생님, 류종렬 선생님, 심세광 선생님, 김시천 선생님께서도 변변찮은 글들을 읽어 주시고 조언과 격려를 아끼지 않으셨다. 이 자리를 빌어 모든 은사님들께 존경과 감사의 뜻을 전해 드린다.

마지막으로 어려운 시절임에도 불구하고 부족함이 많은 필자의 글들을 책으로 엮어 주시느라 여러 모로 애쓰신 '아름다운 인연'의 안자미 님과 직원 여러분들께도 진심어린 감사의 말씀을 전하고 싶다.

　모두가 처음에는 일로 만나서 어느덧 친구처럼 되어버린 가슴 따뜻한 분들이었다. 돌이켜 생각해 보건대 우리 모두가 바로 '아름다운 인연'이 아니었나 생각된다.

# 문화놀이

제1장

# 문화놀이

# 1.

## 헤초와 누란의 공주

### 누란

언젠가 이정우 선생님께서 저를 보고 이렇게 말씀하셨지요.

"김숙경 씨 얼굴상은 이란계에 가까워요."

"맞아요, 저는 누란의 공주였어요."

"……."

글쎄 제 이야기를 좀 들어 보세요. 저는 먼 옛날 누란왕국의 공주였어요.

누란(樓蘭)…… 누란을 아시나요? 그 이름만 들어도 신비로운 향기가 느껴지는, 누란은 중국의 장안(서안) 땅에서도 서북방으로 6천 리나 떨어진 타림분지 안의 옛 오아시스 왕국이랍니다. 지금은 폐허가 되어 모래 속에 묻혀 버렸지만 2천년 전 누란왕국은 실크로드의 북도와 남도의 갈림길에 위치한 동서교역의 가장 큰 중계기지로 유례 없는 번영을 누렸었지요.

반짝이는 금빛 모래흙으로 빚어 쌓은 성곽이며 성루, 둥근 지붕의 스투

파(불탑)들이 타클라마칸 사막의 강렬한 햇살을 받아 보석처럼 빛을 발하는 아름다운 누란성. 그 성을 에워싸고 흐르는 한 줄기 공작강은 사파이어보다 더 푸르렀고, 강줄기가 흐르다 머문 로프노르 호수 주변으로 갈대, 호동, 냇버들, 백초 등 오아시스 식물들이 풍성하게 자라나 주민들 대부분은 로프노르 호수 주변을 떠돌며 목축으로 생계를 이어 갔답니다.

누란인들의 주식으로는 양고기와 밀가루 빵, 낙타 젖과 양 젖으로 만든 마른 버터와 치즈, 그리고 오아시스 주변에서 재배된 약간의 채소와 과일 등이 있었구요, 양털과 낙타털로 만든 펠트천의 모직 옷에 가죽신을 신고 흙벽돌을 쌓아 만든 나지막한 토담집에서 살았지요. 흙집은 사막분지의 혹한과 혹서를 아주 잘 막아 주었답니다.

왕족과 귀족, 승려 등 고위계층들은 보다 호화스러운 의식주 생활을 누리고 살았어요. 그들은 사막지대에서만 자라는 호양나무로 기둥과 누각을 세운 화려한 목조 가옥에 살며 각지의 캐러밴들이 실어온 외국산의 가재도구, 도자기, 비단옷, 보석, 장신구 등 호화 사치품들을 소유할 수 있었답니다.

무엇보다도 누란왕국에 부를 가져다 주었던 것은 무역 관세였지요. 동서 교통의 중계기지였던 누란 땅에는 동서양의 갖은 재보를 실은 캐러밴의 행렬이 연일 끊이지 않고 이어졌어요. 지금도 눈을 감으면 낭랑하게 울리는 낙타 방울 소리가 아련히 귓전을 맴도는 듯하답니다.

해질녘이면 캐러밴들이 묵고 있는 숙소의 앞마당에서는 흥겨운 야시장이 벌어지곤 했어요. 각지에서 온 상인들은 땅바닥에 융단을 펼쳐 놓고 그 위에 갖가지 진귀한 물건들을 늘어 놓고 팔기도 했지요.

질이 좋기로 유명한 호탄의 옥보석류, 화려한 무늬의 페르시아산 카펫, 로마에서 만들어진 형형색색의 유리제품들, 서방에서 온 각종 약품과 향신료, 그 밖에 장신구, 무기, 생활용품에 이르기까지 어느 것 하나 황홀하지 않은 것이 없었지만 그 중에서도 누란 여인들의 눈길을 꼼짝 못하게 잡아 가두는 것은 장안에서 흘러들어온 중국 비단이었어요.

평소에 늘 무거운 낙타의 털가죽이나 투박한 펠트천을 걸쳐 입고 다니던 누란인들은 나비날개처럼 가볍고 꽃잎보다 더 부드러운 색색의 화려한 비단에 그만 넋을 잃고 빠져들었지요. 실로 엄청난 가격을 호가해서 아무나 살 수 없었던 비단은 그나마 한번 만져 보기라도 하려는 인파로 들끓어 비단상 앞은 항상 발 디딜 틈 없이 붐볐답니다.

야시장의 눈요깃거리는 그뿐만이 아니었어요. 밤이 더욱 깊어 마당 곳곳에 횃불이 대낮처럼 밝혀지면 페르시아에서 온 환인(幻人 : 광대)들은 갖가지 희한한 곡예를 공연하기도 했어요. 외줄타기를 하는 사람, 입으로 불을 내뿜는 사람, 칼을 삼키는 사람, 머리, 어깨, 손가락 위에 접시를 얹어 돌리는 사람, 열두 개의 공을 한꺼번에 공중에 띄우는 사람 등 그들이 보여 주는 갖가지 진기한 묘기는 구경꾼들로 하여금 절로 탄성을 자아내게 하였지요.

그런가 하면 입술에 검은 기름을 바르고 눈에는 군청색과 남색의 아이섀도를, 볼에는 붉은 반달형의 혈훈장(연지)을 한 무희들이 나와서 비파, 공후, 호적 등 서역 악기의 경쾌한 반주에 맞추어 회오리바람보다도 빠르게 도는 호선무(胡旋舞)를 선보이기도 했어요. 선녀처럼 어여쁜 무희들의 요염한 미소와 황홀한 몸놀림에 군중들은 또다시 환호하고……. 그렇게 누란인들의 들뜬 탄성과 환호 속에서 흥겨운 오아시스의 밤은 깊어 갔답니다.


## 만남

그 해 늦은 봄날, 실로 몇 년 만에 오아시스에 단비가 내렸어요.

사막 위의 메마른 모든 것들이 오랜만에 촉촉히 수분을 머금고 불어난 강물은 재갈재갈 즐겁게 노래하며 흘러갔지요. 성 안의 사람들은 모두 거리로 뛰쳐나와 온몸으로 비를 맞아들이며 서로 얼싸안고 축복의 인사를 나누었지요. 낙타들도 일제히 젖은 땅에 무릎을 꿇고 앉아 흡족한 표정으로 비를 맞았어요.

얼마 후 비가 멎자 오아시스는 온통 새하얀 양파꽃으로 뒤덮여 버렸어요. 몇 년에 한 번씩 큰비가 내리고 난 뒤 홀연히 피어나는 사막의 양파꽃, 누란 사람들은 양파꽃이 피면 큰 행운이 찾아온다고 굳게 믿고 있었지요. 그래서 그 해 봄 누란인들의 가슴은 온통 설렘과 기다림으로 가득 찼답니다.

그 날은 왠지 눈을 뜨는 순간부터 가슴이 설레기 시작했어요. 무어라 말로 표현하기는 힘들었지만 늘 바라보던 주변의 모든 사물들이 어쩐지 예전과는 다르게 느껴지는 것이었어요. 저는 그 정체불명의 설렘을 안고 먼동이 트는 공작강을 보기 위해 이른 아침 동쪽 성루로 올라갔지요. 그 때 저는 보았어요. 아침 햇살을 머금어 붉게 물든 공작강 줄기를 따라 새하얀 융단처럼 펼쳐진 양파꽃길 사이로 누군가 성을 향해 걸어오고 있는 것을……

호기심으로 빛나는 저의 두 눈은 뚫어져라 그 곳을 응시했지요. 비틀거리며 차츰 시야로 다가오는 그 사람은 오랜 사막여행 끝에 남루하고 초췌해진 이방인의 모습을 하고 있었어요. 작고 여윈 몸에는 너덜너덜해진 천 조각이 아무렇게나 감겨 있었고 다 떨어져가는 낙타 가죽신은 겨우 발밑에 붙어 걸음을 옮길 때마다 먼지를 내며 풀썩였지요.

허기와 피로에 지친 몸을 한 가닥 호양나무 지팡이에 의지한 채 쓰러질 듯 성루 앞에 다가와 멈춰 선 그 이방인은 아무 말 없이 성루 위에 서 있던 저를 올려다보는 것이었어요. 먼지와 때가 뒤범벅이 되어 꾀죄죄한 얼굴 한가운데서 맑고 강렬하게 빛나던 검은 눈동자……. 그분이 바로 먼 동방의 나라 신라국에서 오신 혜초 스님이셨답니다.

혜초 스님은 많은 재산을 소유하고 처자식에 노예까지 거느리며 호의호식하고 살던 당시 누란의 승려들과는 전혀 다른 모습이셨어요. 오로지 불법을 얻으려는 일념만으로 홀홀 단신 천축을 향해, 한번 들어서면 살아나오기 힘들다는 죽음의 사막 타클라마칸을 건너는 중이셨지요.

혜초 스님을 성 안으로 맞아들인 아버지, 국왕께서는 스님의 해박한 지식과 맑은 인품에 탄복하시어 스님을 국사로 두시고자 간절히 청하셨어요. 그렇게만 해준다면 많은 재산과 처첩과 노예를 내리겠노라고 약속하셨지요. 그러나 혜초 스님은 조용히 고개를 가로저으며 이렇게 말씀하시는 것이었어요.

"저에게 있어서 그런 것들은 아무런 의미가 없습니다. 지친 몸을 추스르는 대로 하루빨리 천축으로 들어갈 수 있도록 허락해 주십시오."

서운한 마음을 누를 길 없었던 국왕께서는 설득에 설득을 계속해 보았지만 스님의 굳은 결심을 꺾을 수는 없었지요. 마침내 단념하신 국왕은 한 달간만이라도 누란 사람들을 위해 설법을 해주고 떠날 것을 간청하셨어요. 혜초 스님은 당장이라도 지친 몸을 추스리고 천축을 향해 떠나고 싶은 심정이었지만 간곡한 국왕의 마지막 청을 차마 거절할 수가 없었답니다.

그 다음 날 저녁부터 성 안의 사원에서 혜초 스님의 설법이 시작되었어요. 장안에서도 수천 리나 떨어져 있다는 동쪽 땅 끝의 작은 왕국에서 온 이방(異邦) 스님의 설법을 듣기 위해 저녁이면 사람들이 사원을 향해 구름처럼 몰려들었지요.

당시 타림분지 안의 오아시스 왕국들은 하나같이 불국토(佛國土)를 이루고 있었는데 그 중에서도 누란은 제일가는 불교 왕국이었답니다. 척박한 환경과 빈번한 전쟁으로 늘 불안한 삶을 이어가야 했던 오아시스 백성들의 평화와 안녕을 바라는 간절한 마음이 깊고도 열렬한 불심으로 이어졌던 것이지요.

그런데 법문(法門)과 경전(經典)보다는 주술이나 요술, 신통력 등의 신비주의에 젖어 있던 누란인들에게 우주의 섭리와 제법(諸法)의 존재를 설하는 동방의 화엄(華嚴)사상은 이해하기 어려운 면이 있었음에도 불구하고 마음 깊은 곳을 울리는 진한 감동으로 다가왔어요.

설법이 끝나고 나면 사람들의 입에서는 절로 탄식이 새어 나왔고 두 눈에는 감격의 눈물이 맺혀 흘렀지요. 그렇게 먼 동방에서 왔다는 검은 눈에 키 작은 스님의 오묘하신 설법은 메마른 사막에 내리는 단비처럼 누란인들의 가슴에 촉촉히 젖어들어 갔어요.

그런데…… 그런데 말이지요, 사막에 비가 내리면 거의 불가항력의 힘으로 꽃이 피고 만답니다.

# 사랑

그래요! 저는 그만 혜초 스님을 사랑하게 되고 말았던 거예요.

그것도 걷잡을 수 없이 격렬한 사랑의 감정이 비온 뒤 사막을 온통 뒤덮는 양파꽃처럼 무서운 속도로 피어나기 시작했어요. 마치 거센 모래 폭풍이 전신을 휘감아 타클라마칸 사막 한복판에 내동댕이치고 사라진 듯 무서운 고독과 외로움이 숨막히게 엄습해 왔어요.

제 작은 가슴은 설레다 못해 미어지는 고통으로 금방이라도 터져 버릴 것만 같았지요. 불타는 고창국(高昌國)의 화염산(火焰山)이 가슴 속에 들어앉은 듯, 숨을 내쉴 때마다 뜨거운 열기가 코와 입을 통해 훅훅 새어 나왔어요. 그렇게 낮이면 알 수 없는 신열에 들떠 신음하다가도 해가 지면 거짓말처럼 몸에 기운이 돌아와 나는 듯이 사원을 향해 달려가곤 했지요. 늘 준비되어 있는 앞자리에 앉아 스님의 얼굴을 대하고 그 목소리를 들으면 하루의 고통은 씻은 듯이 사라지고 꽃비 내리는 극락정토에 와 있는 듯 말할 수 없이 황홀한 기분에 젖어드는 것이었어요.

혜초 스님은 큰 체격에 우렁찬 목소리를 가진 거칠고 용맹한 누란의 사내들과는 모든 면에서 달랐어요. 작고 단정한 몸매에 조용조용한 말씨, 맑게 빛나는 검은 눈동자, 합장하며 건네는 환한 미소, 어느 것 하나 제 마음을 사로잡지 않는 것이 없었지요.

설법이 끝난 뒤 스님과 함께 하는 만찬은 저에게 있어서 무엇과도 바꿀 수 없는 소중한 시간이 되었어요. 스님은 만찬의 자리에서 누란인들이 모두 궁금해 하는 먼 동방의 나라, 신라국에 관한 이야기를 들려 주셨어요.

오아시스 국민들에게는 너무나도 생소한 뚜렷한 사계절의 풍경 이야기에서부터 물이 많고 수목이 우거진 수려한 산천 이야기, 스님처럼 아담한 몸매에 검은 머리, 검은 눈을 한 신라 사람들의 살아가는 이야기하며, 그들의 깊은 불심과 화랑도 정신, 갖가지 진기한 풍속과 전설, 놀이에 이르기까지 어느 것 하나 신기하고 흥미롭지 않은 것이 없었지요. 모두들 스님의 이야기에 매료되어 넋을 잃고 빠져들었어요. 제 마음 속에도 아름다운 동방의 나라 신라국에 대한 환상과 그리움이 가슴 깊이 자리잡게 되었답니다.

## 이별

어느덧 약속된 한 달의 시간이 꿈결처럼 흘러가 버리고 마침내 스님께서 떠나야 할 시간이 되었어요. 국왕은 스님의 손을 잡고 아쉬움에 못내 눈물지었고 스님은 감사의 표시로 천축에서 돌아오는 길에 꼭 다시 들르겠노라 굳게 약속하며 떠나셨지요. 다시 돌아오겠다는 스님의 한 마디 말, 그 한 마디 말이야말로 저를 상사(相思)의 지옥불에서 소생시켜 주는 지장보살의 지팡이와도 같은 것이었어요.

그 날 이후 저는 혜초 스님이 남기고 가신 그 한 마디 말을 수도 없이 되뇌며 날마다 성루에 올랐답니다. 성루에 오르면 스님이 지팡이를 짚고 비틀거리며 오셨던 동쪽 땅과 낙타 등에 올라타고 의젓하게 떠나가신 서쪽 땅이 한눈에 내려다보였어요. 저는 동쪽 땅 끝과 서쪽 땅 끝을 이어주는 한 줄기 공작강을 따라 스님이 다시 돌아올 날을 고대하고 또 고대했지요. 그리고는 스님께서 설법하셨던 화엄경을 떠올리며 마치 스님을 마주 대한 듯 이렇게 소리 내어 읊어보는 것이었어요.

"오로지 '개체'라고 하는 완고한 틀이 녹아 없어지고 유한성의 느낌이 더 이상 우리를 압박하지 않을 때 수다나의 탑처럼 인드라의 그물처럼 내 안에는 그대가, 그대 안에는 내가 있음을 느껴요."

## 전쟁

혜초 스님이 떠나시고 난 뒤 오아시스를 뒤덮었던 양파꽃은 거짓말처럼 사라져 버리고 누란 땅은 다시 황막한 사막으로 되돌아갔답니다. 어느 왕국의 종말이 다 그렇듯이 이미 썩을 대로 썩은 누란의 관리며 승려들은 다시 탐욕과 향락에 빠져 백성들을 쥐어짜기 시작했어요. 그 등쌀에 견디다 못한 주민들은 하나 둘 오아시스를 등지기 시작했고 급기야 왕궁 내부에서는 반란이 일어나 국왕이 반란군의 손에 의해 암살당하는 극한 상황이 벌어지고 말았지요. 그 혼란을 틈타 누란국의 오랜 숙적, 토욕혼이 침입해 왔어요.

호전적이고 사납기로 소문난 티베트계의 토욕혼족.

원색의 옷자락을 펄럭이며 커다란 반월도를 높이 치켜든 토욕혼의 군사들은 손 써볼 틈도 없이 성문을 부수고 성 안으로 침입해 들어와서는 눈에 보이는 모든 것들을 사정없이 파괴하기 시작했어요. 왕실 사람들은 무방비 상태에서 우왕좌왕 어찌할 줄을 모르고, 그 사이 성 밖으로 통하는 모든 입구가 토욕혼의 군사들에 의해 모조리 봉쇄되어 버리고 말았지요.

성 안에 남아 있던 사람들은 꼼짝없이 독 안에 든 쥐의 신세가 되고 말았어요. 저는 급히 궁궐의 뒷문으로 빠져나가 늘 오르던 성루를 향해 달려갔지요. 도중에 달려드는 몇 명의 적군을 칼로 베고 성루의 꼭대기에 올라서자 아비규환의 성 안이 그대로 한눈에 내려다보였어요.

살인, 약탈, 방화, 강간, 온갖 악행들이 백주의 성 안에서 적나라하게 벌어지고 있는 모습은 한마디로 지옥 그 자체였어요. 차마 눈 뜨고 볼 수 없는 그 광경에 저는 그저 온몸을 부들부들 떨고 서 있을 뿐이었지요. 그 때 저를 발견한 한 무리의 적군들이 괴성을 내지르며 성벽 위로 밀려 올라오기 시작했어요. 더 이상 지체할 시간이 없었지요. 마지막으로 저는 님이 가신 서쪽 땅 끝을 한번 돌아다보고는 마침내 성벽 아래로 몸을 던지고 말았답니다.

삶의 극한에서 바라본 하늘은 티끌 한 점 없고 이상하리만치 아름다웠어요. 그 하늘 위로 아주 짧은 순간이었지만 제 귓불에서 빠져나간 그리핀 귀고리 한 쌍이 높이 날아오르는 것을 보았어요. 그렇게 한 쌍의 그리핀은 두 날개를 활짝 펴고 제 시야에서 멀어져 갔지요.

참 자유로워 보였어요.


## 죽음

그리핀을 아시나요?

독수리 머리에 사자의 몸통, 날개가 달린 전설의 동물 그리핀.

그리스 신화에도 등장하는 이 괴수는 사자 여덟 마리를 합쳐 놓은 것보다 크고 독수리 백 마리를 합쳐 놓은 것보다 더 힘이 세어서 말 탄 사람이나 멍에 씌워 놓은 두 마리의 소를 가볍게 채어 날아갈 수도 있답니다. 새처럼 보금자리를 지으며 알 대신 마노를 낳는다는 이 신비한 동물의 출생처는 옛 박트리아 지방으로, 그 지방 사람들은 그리핀의 발톱으로 물컵을 만들고 늑골로는 활을 만들어 썼다는 전설이 전해져 내려오고 있지요.

그런데 이 전설의 동물은 '황금의 수호자'로 불리기도 한답니다. 그것은 이 동물이 본능적으로 황금이 매장되어 있는 곳을 알아내고, 황금을 발견하면 그것으로 집을 짓는데, 약탈자들의 접근을 막기 위해 가파른 절벽 중턱에 짓기 때문이라고 해요.

예로부터 고대인들은 금에 대한 애착이 매우 강해서 황금을 숭앙하고 황금으로 만든 장신구를 몸에 지니고 다니길 좋아했지요. 그것은 금의 재질이 영구불멸한데다가 금의 광채는 암흑과 불안을 몰아내는 광명의 상징이었기 때문이라고 해요. 그렇게 영원불멸한 삶을 동경한 고대인들은 황금의 수호자 그리핀이 새겨진 장신구와 무기류를 또한 몸에 지녔던 것이지요. 특히 유목민족의 시조격인 스키타이인들은 그리핀을 그들만의 독특한 '스키타이 동물 문양'으로 고안해서 사용했다고 해요.

소그드족 상인의 공납품에서 얻게 된 제 그리핀 귀고리도 바로 스키타이 동물 문양을 한 것이었지요. 독수리 머리에 사자의 몸을 한 그리핀은 조류와 포유류의 특징을 한 몸에 지니고 있어 단지 조류라고도 포유류라고도 확정지을 수 없답니다.

그런데 말이지요…….

재미있는 것은 이 영원불멸을 상징하는 황금의 수호자 그리핀이 또한 죽은 사람을 명부로 인도하는 '죽음의 사자'이기도 하다는 것이에요.

어떻게 생각하세요? 이 조류도 포유류도 아닌 불확정성의 동물이 영원불멸을 상징하는 '황금의 수호자'인 동시에 '죽음의 사자'라는 것을 요……. 조류도 포유류도 아닌 동시에 조류이자 포유류인, 삶도 죽음도 아닌 동시에 삶이자 죽음인 오묘한 괴물 그리핀!

결국 우리의 삶과 죽음도 이처럼 확정지을 수 없는 관계로 상호간에 맞물려 돌아가는 끝없는 '놀이'에 불과한 것은 아닐까요?

그런데 인간이 그토록 갈망해 온 '영원불멸'이란 어떤 의미일까요?

만약 인간의 생명이 영원불멸하다면 그건 어떤 식으로 가능한 것일까요?


## 환생

그래요! 님의 나라에서 환생한 저는 누란의 공주였어요.

혜초 스님이 누란에 다시 돌아오셨던 그 해에 또다시 오아시스에는 단비가 내리고 폐허의 왕국은 온통 양파꽃으로 하얗게 뒤덮였지요. 스님은 이미 수년 전에 멸망하여 모래 속에 파묻혀 가는 왕국의 잔해들을 놀란 눈으로 휘 둘러보시고는 조용히 합장하고 머리를 숙이셨어요. 그 때 발밑 모래 틈에서 반쯤 모습을 드러낸 작고 반짝이는 물건 하나를 발견하시고는 조심스레 모래를 헤치고 집어 드셨지요. 그것은 바로 제가 성루에서 몸을 던질 때 떨어져 나갔던 그리핀 귀고리 한 짝이었어요.

스님은 그 낯익은 귀고리 한 짝을 손바닥 위에 올려놓고 오랫동안 바라보시다가는 이윽고 품 안 깊숙이 간직한 채 발길을 옮겨 놓으셨지요. 스님이 가신 곳은 폐허의 누란 땅에서 가장 가까운 오아시스 왕국인 돈황이었어요.

그 곳은 예전의 누란 왕국과 마찬가지로 실크로드의 요지이며 크고 융성한 불교 왕국이었지요. 명사산과 월아천이 아름다운 그 곳의 삼위산 바위벽에는 수백 개가 넘는 석굴사원이 조성되어 있었어요. 혜초 스님은 바로 그 '막고굴 사원'으로 가서서 그 중 한 곳에 머물며 기행문 『왕오천축국전』을 쓰셨지요. 웬일인지 스님은 끝내 고향인 신라국으로 돌아가지 않으셨어요. 저의 혼백도 그렇게 홀로 수행하시는 혜초 스님의 곁을 지키며 언제까지고 떠나지 않았답니다.

그리고 다시 천년의 세월이 바람처럼 흘러갔군요.

그래요, 님의 나라에서 환생한 제가 바로 누란의 공주예요. 그러나 처음부터 모든 것을 알고 있었던 것은 아니랍니다. 그동안 이생에서 제가 겪어왔던 숱한 방황, 고통, 갈증 그 모든 정체불명의 아픔들이 오로지 님을 향한 그리움이었다는 것을…….

그러나 이제는 알 수 있어요. 그토록 찾아 헤매던 님은 바로 내 곁에, 내 안에, 그리고 이 세상 어디에나 존재하고 있다는 것을…….

그래요! 마침내 저는 님을 만날 수 있었던 거예요.

님이 설법하신 화엄사상에서.

현대과학의 프락탈 이론에서.

라이프니츠의 단자론에서.

노자의 『도덕경』에서.

성호 이익의 양귀비 씨에서.

그리고 한 알의 모래에서 세계를 본다는 윌리엄 블레이크의 시에서.

마찬가지로 저는 보았어요.

한반도 곳곳에 산재해 있는 제 옛 고향 누란을!

가는 곳마다 머무는 곳마다에서 누란을 느낄 수 있었어요.

아니라고요?

누란은 이미 멸망한 나라라고요, 그래서 이 세상 어디에도 누란은 없다고요?

아니요! 아니요! 그렇지 않아요.

나라는 망해도 문화는 죽지 않아요!

그래요, 문화는 흔적도 없이 사라져 버리는 그런 것이 결코 아니랍니다.

저는 보았어요. 누란의 자취를.

경주 황남대총에서 출토된 금제 허리띠의 화려한 금세공 장식에서.

감은사 탑 불사리함과 녹유사천왕상(綠釉四天王像)의 정교한 부조 양식에서.

암막새, 수막새, 전돌 위에 새겨진 연화문(蓮花紋), 연주문(聯珠紋), 인동당초문(忍冬唐草紋)에서.

부채춤, 칼춤 추는 무희들의 빠르게 돌고 도는 버선발에서.

그리고 수줍게 미소 짓는 감산사 석조 미륵보살상의 고운 입매에서.

저는 들었어요. 누란의 소리를.

공후, 향비파, 태평소의 맑고 경쾌한 선율을 타고 굽이굽이 꺾여 올라가는 민요가락 마디마디에서.

그리고 저는 느껴요.

눈을 감고 온몸의 감각의 비늘을 곧추세우면 비온 뒤 피어나는 오아시스의 양파꽃처럼 곳곳에 스며 있는 아! 누란의 향기를…….

이제는 정말 이해하실 수 있겠지요?

그리운 님을 좇아 님의 나라에서 환생한……

그래요! 저는 누란의 공주예요.


(이 글에서 누란은 고대 서역땅 중, 지금의 중국 신강성 일대를 대표하는 지명으로 설정되었으며, 이 글의 내용은 역사적 사실과 일치하지 않음을 밝혀 둡니다.)

# 2.

## 타자의 땅 – 중앙아시아를 달리다

## 천마를 타다

    연푸른 새벽안개를 헤치고 나의 젖은 두 발이 다가가 멈추어 선 곳은 무릉(武陵)의 천마상(天馬像) 앞. 흉노 병사를 짓밟고 서 있는 천마의 석상이 안개 속에서 서서히 그 모습을 드러내기 시작한다.

    한무제가 북방 유목민족에게서 빼앗아 온 천마는 이제 한족을 위해서 유목민족을 짓밟고 서 있는 것이다. 나는 고개 숙인 천마의 얼굴을 쓰다듬으며 그 귀에 대고 이렇게 속삭인다.

    "일어나! 이제 긴 잠에서 깨어나야 할 때가 되었어. 네가 짓밟고 서야 할 것은 흉노의 병사가 아니라 바로 동일자의 비대한 몸뚱이라구."

    그 말을 들은 천마는 불에 덴 듯 온몸을 떨고 일어나 두 발을 높이 치켜들고는 힘차게 울부짖는다. 정력적인 목덜미에 터질 듯 힘줄이 부풀어 오르고, 비공 가득 더운 열기를 모아 화차처럼 '치익~칙' 뿜어댄다. 넘치는

하서회랑의 무위에서 발굴된 천마상

생명력을 주체할 수 없어 고개를 외로 틀고 네 발을 번갈아 허공을 그어대는 천마. 나는 흉노의 여인네처럼 솜씨 좋게 말 등 위로 뛰어 올라 힘껏 박차를 가한다.

> 가자! 천마야, 네가 왔던 그 곳으로.
> 너의 고향은 본디 먼 서북방의 오랑캐 땅.
> 네가 가슴 터지게 달려야 할 곳은 바로 그 곳 – 광활한 초원과
> 거친 사막.
> 버려지고 소외된 역사의 바깥, 그 설움의 땅으로.
> 천마는 달린다. 목덜미의 갈기를 불꽃처럼 휘날리며.

그 몸에서 솟아나는 붉은 피땀을 맞으며 나 또한 달린다.

악과 열등으로 역사에 활자를 남기고 역사의 바깥으로 떠밀려

마침내 역사의 구멍 속으로 사라져 버린 그대들 – 타자(他者)의

땅으로.

나는 믿지 않는다.

역사에 남겨진 크고 장황한 이야기들을.

현란한 '모더니티의 프로젝트'들

황홀한 '쇼윈도 속의 캐피탈리즘'

그 어느 것도 진정 나를 가둬 두지는 못하리라.

파충류의 혀처럼 끈끈한 손으로 성감대를 자극하는

온갖 유혹을 뿌리치고

나는 달린다.

무수한 차이들이 들꽃처럼 숨쉬는 타자의 땅,

아! 중앙아시아.


## 하서회랑을 지나며

장안을 지나 황하를 건너면 남으로 병풍처럼 늘어선 기련 산맥과 북쪽의 고비사막을 사이에 두고 돈황까지 이어지는 긴 띠 모양의 지대를 만나게 된다. 황하 서쪽의 긴 지대라 하여 하서회랑(河西回廊)이라 이름지어진 이 곳은 기련산 봉우리의 눈 녹은 물이 황막한 사막 곳곳에 풍성한 오아시스 를 형성하여 대대로 유목민들의 소중한 삶의 터전이 되어 왔다.

돈황 막고굴

융, 강, 저, 대하, 월지, 흉노, 오손, 돌궐, 선비, 유연, 철륵, 토번, 당항, 토욕혼, 회골, 몽고……. 이들 크고 작은 유목민족들이 싸우고 공존하며 명멸해 간 땅. 이 곳은 또한 중원의 문화가 서방으로, 서방의 문화는 중원으로 흘러든 실크로드의 길목이기도 하다. 중국의 비단과 도자기, 서방의 향료와 보석을 실은 낙타 방울 소리가 끊이지 않고 이어졌을 이 길……. 이 길을 따라 서역승 구마라집과 축법란이 불법을 전하려 장안으로 들어왔으며 거꾸로 당나라의 현장과 법현, 신라의 혜초 등 동양의 고승들은 서쪽으로 구법의 길을 떠났으리라.

이 회랑 위에는 그들이 여독에 지친 몸을 풀었을 오아시스들이 징검다리처럼 한 줄로 늘어서 있다. 지금도 여전히 마을을 이루고 있는 오아시스 도시들, 무위, 장액, 주천, 안서를 지나면 하서회랑의 종착지 돈황에 다다른다. 하서회랑을 통해 흘러들어온 중국 문화는 실크로드의 주요 관문인 돈

돈황 벽화

황에서 서방의 문화와 합류하여 눈부신 돈황의 보고 막고굴을 이루어냈다. 막고굴 안의 벽화와 조상(彫像)들은 인도의 불교와 중국의 유가, 도가, 그리고 서방의 조형예술이 한데 어우러져 빚어낸 상호텍스트의 결정체이다. 따라서 우리는 막고굴예술을 통해 시대의 모든 것과 조우할 수 있게 된다.

여기서 결코 간과해서는 안 될 사실 한 가지는 막고굴을 조성한 역사적 주체가 중국 서북방의 소수민족들이었다는 것이다. 서로 다른 관습과 역사, 문화를 가지고 있던 그들은 그들의 삶의 터전이 되었던 사막의 거친 환경으로 말미암아 공통의 강인한 기질을 가지게 되었다. 그들의 공통된 기질은 용맹하고 진취적이며 정열적이고 낭만적이며 또한 호방하고 자유분방하다.

이러한 그들의 공통 기질은 막고굴 곳곳에 생생한 흔적으로 남아 있다. 드넓은 광야 위로 거침없이 말을 몰아 달리던 그들의 강한 열정은 그들이 그린 벽화 위에 충만하고 동적인 이미지와 강렬한 색채, 스피디한 선의 묘사로 나타나고 있다. 또한 그들의 낭만적 상상력은 드넓은 사막 위로 펼쳐진 창망한 하늘을 종횡무진 나는 비천상(飛天像)을 만들어 내었으며, 그들의 자유분방한 기질은 자비로운 붓다의 얼굴에서조차 풍부한 표정과 강한 개성의 표현으로 나타나고 있는 것이다. 이처럼 소수민족들의 감성에 입각하여 막고굴을 해석할 때 우리는 진정으로 돈황예술을 이해할 수 있게 된다.

이제 나를 태운 천마는 돈황을 빠져나와 다시 서쪽으로 펼쳐진 타클라마칸 사막 안으로 들어선다. 한번 들어가면 살아나오기 힘들다는 죽음의 사막 타클라마칸.

하늘에는 날아다니는 새 한 마리, 땅 위로는 쥐새끼 한 마리 볼 수 없고, 열풍과 악귀가 숱한 나그네의 목숨을 앗아갔다는 무서운 곳. 지난날 구도에 목말라 하던 고승들이 오로지 불법을 얻으려는 일념으로 천축을 향한 사투의 행진을 벌였던 곳……. 그들 중 법현과 현장이 살아남아 역사에 한 줄 이름을 남기기까지 그 얼마나 많은 외로운 넋들이 이 곳에서 죽어 '백골의 이정표'를 세웠겠는가!

역사의 위인은 어차피 승리한 자의 몫이라 했던가. 그러나 소수의 위인을 만들어 낸 것은 다수의 희생에 의한 결과가 아니던가?

역사의 피라미드—그 안에서 죽음과 삶, 승리와 패배, 좌절과 영광……. 이 모든 상반된 개념들은 차연(差延)으로 존재한다. 하여, 이제 나는 죽음의 사막 타클라마칸 안에서 삶에 관한 이야기를 시작하려고 한다.

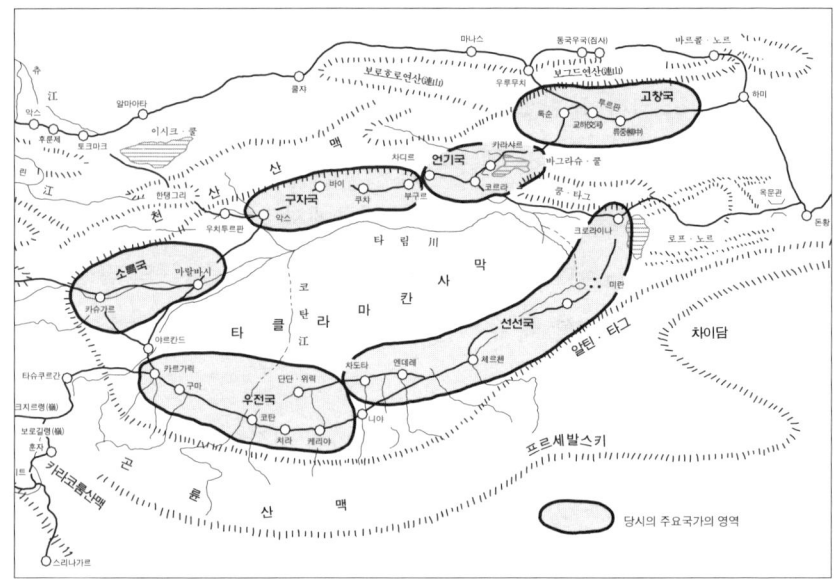

고대 타림분지 지도

## 상호텍스트의 고향 – 타림분지

타클라마칸은 북으로 천산산맥과 남으로 곤륜산맥의 사이에 형성된 거대한 타원형의 사막분지로 이를 이름하여 '타림분지'라 한다. 천산과 곤륜 양대 산맥의 만년설이 사막으로 흘러내려 점점이 이루어 놓은 오아시스를 연결하면 타클라마칸 사막을 관통해 동서양을 이어주는 두 갈래 길이 생긴다. 각각 북도와 남도로 구분되는 이 길 위에서 동서양의 모든 만남이 이루어졌다.

타림분지, 이 곳은 세상의 모든 차이들이 만나는 곳. 만나서 합류하고 충돌하여 또다른 차이를 낳는 곳. 이제 나는 진정한 차이의 땅 타림분지에서 눈물겹도록 아름다운 이름들을 만난다. 소륵국, 고창국, 언기국, 구자국,

우전국, 선선국. 이들은 타클라마칸 사막을 가운데 두고 꽃잎처럼 둥그렇게 무리지어 존재했던 타림분지 안의 고대 오아시스 왕국들이다.

서로 어깨를 맞대고 원형을 이룬 그 모습처럼 이 곳에서는 동과 서의 구분도, 우등과 열등의 위계도, 주와 종의 질서도 존재하지 않는다. 오직 '다름'으로 구별되고 '차이'로 규정되며 '만남'으로 존재하는 곳, 서로가 서로에게 깊숙이 얽혀들어 상호작용하고 영향을 주고받으며 끝없이 차이를 만들어갈 뿐 절대 선(先)도 절대 후(後)도 없는 진정한 평등의 세계, 바로 상호텍스트의 세계이다.

선선국의 옛 왕성 누란에 이르러 나는 비로소 천마의 등에서 내려선다. 폐허의 성터는 어느덧 황혼에 젖어들고 있었다. 만릿길을 달려온 천마는 석양빛에 고개를 숙이고 나는 허물어진 성벽 아래 모래 틈에서 반짝 섬광을 띠는 무엇인가를 발견하고 조심스레 집어 올렸다. 천년을 입고 있던 모래 옷이 한순간의 충격에 날아가 버리자 그 작은 물체는 오롯이 제 모습을 드러내었다.

천년을 변함없이 빛나는 황금 그리핀……. 아! 그것은 놀랍게도 그 옛날 내가 잃어 버렸던 귀고리 한 짝!

나는 귀고리를 감싸쥔 손아귀에 불끈 힘을 주며 새삼 폐허의 성터를 둘러보았다.

작은 귀고리 한 짝은 잃었던 기억의 마지막 퍼즐 조각처럼 내 의식의 빈 모퉁이에 들어와 박히고 나는 비로소 까마득히 잊고 있던 모든 것을 기억해 낼 수 있었다.

그렇다, 나는 그 옛날 누란의 공주!

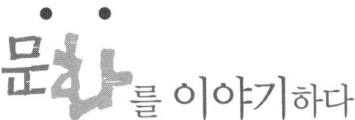

문화를 이야기하다

김숙경      절대주의의 해체는 절대주의가 가지는 온갖 중심사상의 이면에 은폐되어 있는 차이와 다양성을 드러내기 위함이며, 그런 의미에서 문화의 해체란 문화의 차이와 다양성을 드러내는 것이라 할 수 있겠습니다.

전통 형이상학과 맥을 같이 하여 그동안 문화에 관한 인식도 서양문화니, 동양문화니, 문화의 원류니, 뿌리니, 자생성(自生性)이니 하여 지나치게 순수성과 일점 근원을 중시하는 문화 중심주의로 흘러온 것이 사실입니다. 그러나 문화에 있어서의 중심주의는 문화의 속성을 제대로 파악하는 데 오히려 커다란 장애가 되지 않나 생각됩니다.

문화란 어느 지점에서 시작되었든 간에 쉼 없이 흐르고, 때로는 역류하고, 서로 간에 영향을 주고받기도 하면서 더러는 한 곳에 깊이 뿌리를 내리기도 하지만 뿌리를 내린 뒤에도 상호작용과 변화는 계속해서 전개되어 가는 것입니다.

　이러한 문화의 속성을 무시한 채 단순히 내 것, 네 것, 우리 것, 남의 것을 칼로 긋듯 가르고 분리하여 문화의 순수성을 고집하는 것은 그 자체로도 불가능한 일일 뿐더러 필연적으로 우열을 가르고야 마는 절대주의의 이원론적 속성의 범주로, 문화에 있어서도 결국 우등이 열등을 지배한다는 폭력적인 중심주의의 잣대로 재단되고 마는 것이 아닌가 생각됩니다. 어느 나라의 어떤 문화형태이건 한 부분이라도 지목하여 자세히 살펴본다면 그 안에 무수한 '남의 것'이 물들어 있음을 발견하는 것은 그다지 어려운 일이 아닐 것입니다.

　이에 데리다(Jacques Derrida)는 그의 텍스트이론에서 텍스트는 계속해서 다른 텍스트 안으로 흘러들어가기 때문에 텍스트의 고유성이나 순수성은 있을 수 없다고 주장하는 것입니다. 예를 들어 신화나 전설 등을 분석해 보면 거의 같은 주제와 내용들이 각 지역과 나라마다 조금씩 변형된 형태로 산재해 있음을 알 수 있습니다.

　이와 같이 모든 문화는 상호텍스트의 관계 속에서 서로 영향을 주고받으며 이야기에 이야기를 낳는 것일 뿐 원전의 신화, 즉 일점 근원의 신화는 없다는 것이지요. 한 마디로 문화란 복잡하게 얽히고설켜 있으며 서로에게 그야말로 깊숙이 오염되어 있다고 할 수 있습니다. 여기에 더 이상 절대니 순수니 하는 단어가 끼일 틈이 없겠지요. 스님께서는 이러한 문화의 상대주의와 상호텍스트에 대해 어떠한 견해를 가지고 계시는지 궁금합니다.

각묵 스님　　그야말로 '연기(緣起)의 법칙'이라 해야 할 것 같네요.

불교 자체만 해도 인도에서 발생되었으니 그 뿌리가 인도임은 두말 할 나위도 없겠지요. 그러나 정작 발생지인 인도에서는 결국 뿌리를 내리지 못했지만 남방(동남아)과 북방(동북아)으로 흘러들어가 비로소 깊이 뿌리를 내리게 되었지 않습니까? 그러므로 불교를 특정 나라, 특정 지역의 것이라 주장할 수는 없는 것이지요.

불교라는 보편성은 연기의 법칙에 의해 각 나라, 각 지역이라는 개별적 토양에 맞게 조금씩 다른 양상으로 전개되어 간 것으로 보아야 할 것입니다. 마찬가지로 모든 문화의 유형에 있어서도 개별적인 것들이 연기적으로 상호 맞물려 끊임없이 변화하고 흘러가는 것이라 할 수 있겠지요. 문화란 그렇게 유동적인 것입니다. 흐르는 물을 일도양단(一刀兩斷) 할 수 없듯이 문화에 있어서도 내 것과 남의 것을 명확히 구분짓기란 말씀하신 대로 불가능한 일일뿐더러 별 의미도 없지 않나 생각되는군요.

김숙경　문화란 인연에 따라 흐르다가 자신에 맞는 토양을 만나면 뿌리를 내리고 또다른 인연과의 만남에 의해 생멸변화를 겪으면서 끝없이 흘러가는 것이지 '고정불변의 그 무엇'이 아니라는 말씀이시군요. 그런 의미에서 볼 때 문화는 '식물의 씨앗'에 비유될 수 있지 않나 생각됩니다. 씨앗이 어디에서 생겨났는지 그 '일점 근원'이 중요한 것이 아니고 어느 토양에 뿌리를 내려 어떤 꽃을 피우느냐에 의미가 있다는 것이지요.

스님께서 말씀하신 바와 같이 인도에서 얻어진 불교라는 보편성의 씨앗은 각 지역이라는 개별적 토양의 특성에 따라 조금씩 다른 꽃으로 피어났다고 보는 것입니다. 따라서 문화에서의 고유성이나 정체성을 굳이 찾자면 다름 아닌 그 조금씩 다른 차이에 있는 것이 아닐까 생각해 보았습니다만 스님께서는 어떻게 생각하시는지요? 해체주의의 상호텍스트이론이나 불교의 연기설에 의해 문화를 해석하자면 우리 것이라 내세울 수 있는 문화의 고유성은 일체 말살되고 마는 것일까요?

각묵 스님　　그것은 그렇지 않습니다. 불교의 원산지가 인도라고 해서 불교가 우리 것이 아니라고 할 수 있나요? 앞서 말씀드린 바와 같이 불교를 특정 나라 또는 특정 지역의 것이라 주장할 수 없다는 말은 바꿔 말하자면 어느 나라, 어느 지역의 것도 될 수 있다는 말이 아니겠습니까? 그런 의미에서 볼 때 불교는 오랜 역사와 전통을 가진 우리 고유의 것이라 할 수 있습니다.

　문화를 식물의 씨앗에 비유하신 것은 매우 적절한 발상이라고 생각됩니다. 그와 같이 문화란 본래 우리 것, 남의 것이 따로 있는 것이 아니라 우리 땅에서 우리가 길러내면 그것이 바로 우리 것이 된다는 것이지요. 지나치게 내 것과 네 것을 따지고, 가르고, 원류를 파고들어가다 보면 마침내 순수한 우리 것이라고 내세울 만한 것이 세상을 통틀어 과연 몇 개나 될 것인가를 생각해 보아야 할 것입니다.

슬픈 우리 젊은 날 _ 진달래꽃 술

학부 시절의 일이다.

미대 건물 뒤편으로 돌아가면 야외 석조장을 끼고 야트막한 언덕이 하나 조성되어 있다. 키 작은 나무들 사이로 미완의 조형물들이 아무렇게나 널려 있는 그 곳에 오르면 학교 마크를 상징하는 거대한 철 구조물의 교문이 한눈에 내려다보였다. (지금은 둔탁한 경영대 건물이 들어서 시야를 가로막고 있지만 당시만 해도 황량하리만큼 드넓은 벌판이 그대로 교문까지 이어져 있었다.)

때때로 저녁 무렵이면 붉은 노을 한 자락이 우악스레 버티고 선 교문을 비껴 서산머리에 곱게 걸리곤 했다. 하여 나는 그 장소를 '일몰의 언덕'이라 이름 붙이고 해질 무렵이면 즐겨 그 곳에 올랐다. (그 후로 어떤 경로를 통해선지 모르겠으나 '일몰의 언덕'이 공식 명칭처럼 되어 학생들의 입에 회자되었었다. 지금은 어떤지 모르겠지만…….)

그 때 일몰의 언덕 위에서 지었던 한 편의 시가 지금은 색 바랜 미대학보에 남아 있다.

노을은 님의 뒷모습처럼 차갑게 불타오른다.
단 한 번만이라도 좋아 너를 안을 수 있다면
그대로 돌이 되어도 좋아.
재가 되어도 좋아.
그러나
님은
말없이 서산마루를 넘어간다.


돌아와 네 차가운 송곳니로 내 가슴을 깨물어봐.
내 심장이 뿜어내는 더운 선혈로
하늘을 붉게 물들일 테야.
세상을 붉게 물들일 테야.
그래도
님은 노을처럼
아 아
서산마루를 넘어간다.
서산마루를 넘어간다.


어느 해 봄날, 나는 일몰의 언덕에 만개한 진달래꽃을 따서 근사한 화주

(花酒) 한 병을 담갔다. 현기증이 날 정도로 붉은 꽃잎들을 한 잎 한 잎 병 속에 따 넣으면서 나는 4월의 노래 '진달래'를 흥얼거렸다.

> 눈이 부시네 저기, 난만히 멧등마다
> 그 날 쓰러져간 젊음 같은 꽃 사태가
> 맺혔던 한이 터지듯 여울여울 붉었네
> 그렇듯 너희는 지고 욕처럼 남은 목숨
> 지친 가슴 위엔 하늘이 무거운데
> 연련히 꿈도 설워라 물이 드는 이 산하

지금도 흐드러지게 만개한 진달래 꽃무덤을 보면 왠지 정체 모를 현기증이 인다. 그러나 중년이 된 지금 진달래꽃을 보며 떠올리는 것은 '4월의 노래'가 아닌 질펀한 시조 한 구절이다.

> 간다, 화냥년아 몸살 나는 늦보리 밭에
> 춤추는 보리 이랑 ……(기억상실)
> 두견이 울음마다 붉게 토해내던 꽃 점 ^^;

꽃잎이 반쯤 찬 유리병에 1.8ℓ 들이 막소주를 부으니 꽃잎들이 앞다투어 수면 위로 솟아올랐다. 나는 뿌듯한 심정으로 술병을 위아래로 두어 번 흔들어 준 뒤 작업실 캐비닛 안쪽에 소중히 모셔 두었다.

'노을이 아름답게 물든 가을날 저녁, 이 술을 개봉하리라…….'

낙엽이 수북이 쌓인 일몰의 언덕에 올라 붉게 물든 노을을 바라보며 향기도 그윽한 진달래술을 맛볼 생각을 하니 입가에 절로 미소가 번졌다.

그런데 몇 분이 채 지나지 않아서 작업실 안에서 의문의 환성이 터져 나왔다. 야외 석조장에서 돌을 만지고 있던 나는 한순간 불길한 예감에 휩싸여 작업실 쪽을 바라보았다. 아니나 다를까, 누군가 막 담가 놓은 진달래술 병을 옆구리에 낀 채 작업실 밖으로 뛰쳐나오고 있지 않은가. 곧이어 그 광경을 목격한 한 무리의 인간들이 환호성을 지르며 개떼처럼 그 뒤를 쫓아 내달렸다.

"안돼!"

나는 들고 있던 정과 망치를 내던지고 그들을 뒤쫓기 시작했다. 그러나 때는 이미 늦었다. 일몰의 언덕에 오른 무리들은 어느새 정성들여 봉해 놓은 술병 뚜껑을 벗겨 내고 병 주둥이를 먼저 차지하려 머리통 싸움을 하고 있었다. 기가 막혔지만 별 수 없었다. 그럴 땐 한 모금이라도 더 마시고 보는 게 상책인 것이다.

'에라 ~, 모르겠다.'

나도 있는 힘껏 개떼들을 밀쳐 내고 술병 주둥이에 머리를 들이밀었다. 한 모금 들이킬 때마다 진달래 꽃잎이 울컥울컥 입 안으로 밀려들어 왔다. 누군가 갓 딴 꽃잎의 생내를 못 이겨 '퉤퉤' 뱉어내는 소리가 들렸다. 술병은 몇 차례 돌지 않아서 이내 바닥을 드러냈다. 급작스런 낮술에 취한 우리들은 술병과 함께 모두 그 자리에 벌렁 드러누웠다. 채 숨죽지 않은 꽃잎 몇 송이가 아직도 선명한 빛을 발하며 쓰러진 병 속에서 나뒹굴었다. 그 빛이 따가워 질끈 두 눈을 감으니 하늘과 땅이 온통 빙빙 돌기 시작했다.

멀리서 합창 소리가 들려왔다.

"저 들에 푸르른 솔잎을 보라……."

뒤이어 '따다닥' 사과탄 터지는 소리, 합창 소리는 곧 함성으로 바뀌고…….

'아! 또 시작이구나!'

연일 계속되는 시위. 정문을 사이에 두고 시위대와 전경들 간의 밀고 밀리는 격렬한 몸싸움……. 최루탄이 불꽃처럼 터지는 하늘, 화염병과 투석이 난무하는 공중, 눈물과 콧물이 뒤범벅이 된 얼굴들…….

분신(焚身)과 투신(投身)이 자행되는 이 교정, 이 나라, 이 세상……. 이 세상은 무엇인가? 그리고 그 안에 존재하는 나, 나는 누구인가? 도대체 인간이란 무엇인가? 인생이란 무엇인가?

'아! 모르겠다. 정말이지 아무것도 모르겠다.'

그 때 우리들 중 누군가 엉엉 소리내어 울기 시작했다. 나는 그만 하늘을 등지고 엎드려 버렸다. 하늘을 올려다보기조차 버거운 청춘, 화주 한 모금조차 죄스러운 거지같은 젊음 아닌가.

그리고 주문처럼 거듭거듭 뇌까렸다.

'빨리 지나가 버려라, 빨리 지나가 버려라, 빨리 지나가 버려라.'

주문대로 청춘은 빨리 지나가 버렸다. 이제 중년이 된 나에게 다시 묻는다.

"이젠 그 모든 것을 알 수 있겠는가?"

"……."

여전히 나는 아무것도 모른다. 아니, 꼭 한 가지 알게 된 것이 있다. 내가 왜 아무것도 모르는지 그 이유를 알게 된 것이다.

　바로 차연(差延)이다.

# 역사놀이

제2장

# 역사놀이

# 1.

## 아! 흉노 (1) : 역사의 여백-검은 글씨, 흰 글씨

유사 이래로 기록화된 세계의 역사는 동일자(同一者 : 철학용어로 어떤 특정한 성격을 가진 하나의 존재 주체로 그 외의 것을 타자로 분류한다. 이 책에서 등장하는 동일자는 특별히 역사 주체로서의 성격을 띠고 있다.)의 역사로 보아 무방할 것이다. 우리는 역사상의 기록들을 통해 헤게모니를 장악한 역사의 주체가 항상 주체 밖의 세계를 타자(他者)로 분류하였으며 타자를 열등, 야만, 또는 비열, 악 등과 동일시해 왔음을 알 수 있다. 이 점에 비추어 볼 때, 대개 기록을 남기지 않던 '유목민의 역사'는 언제나 '타자의 역사'였으며 역사를 기록해 간 수많은 동일자의 손에 의해 왜곡되고 폄하(貶下)되어 왔음을 미루어 짐작할 수 있다.

인류 역사의 영원한 타자 유목민은 어째서 스스로의 기록을 거의 남기지 않았던 것일까? 열등하고 야만적이어서? 도대체 무엇이 열등이고 무엇이 야만인가. 그 기준은 오로지 동일자의 잣대에 의해 자리매김된 동일자의 논리에 따를 뿐이다.

지구상에는 다양한 환경의 차이만큼이나 다양한 형태의 삶이 존재하며 그들이 누리는 문화 또한 천차만별의 차이를 띨 수밖에 없는 것이다. 다양한 문화의 형태는 다양한 삶의 표출이다. 따라서 한 집단의 삶의 형태를 알면 그들 문화의 특성을 이해할 수 있게 된다. 우리가 진정으로 유목민의 문화를 이해하기 위해서는 무엇보다도 유목민의 삶이 어떠했는지를 정확히 알 필요가 있다.

목축과 교역을 생업의 수단으로 삼아 온 유목민들은 일정한 공간에 뿌리를 내리고 대를 이어 살아가는 농경 정착민들과는 달리 늘 이동하는 습성을 가질 수밖에 없었다. 이와 같이 항상 모든 것으로부터 떠나가야 하는 유목민들에게 있어서 건축이나 조각, 벽화와 같은 어떠한 형태의 기념비적 문화(monumental culture)도 뿌리내릴 수 없었으며 기록을 남기지 않는 그들의 습성 또한 같은 맥락에서 이해해야만 한다. 더구나 하루하루의 삶 자체가 치열한 생존과 맞물려 있던 유목민들에게 있어서 '실리주의'는 그들 삶을 지배하는 필연적인 이데올로기이자 절실한 리얼리티였던 것이다.

요지부동의 건축이나 둔중한 조각, 거추장스러운 책 더미보다는 늘 몸에 지닐 수 있고, 언제든지 들고 뛸 수 있는 소규모의 장신구나 귀금속류들이 그들에겐 보다 의미 있었으리라. (유난히 복잡하고 화려한 유목민들의 의장(衣裝)을 상기해 보자.) 하여 유목민의 문화 속에는 어느 민족도 따라올 수 없는 정교한 세공기술이 발달하게 된다. (1991년에 국립중앙박물관에서 열렸던 '스키타이 황금전'이나, 1996년 서울시립박물관에서 열렸던 '大 몽고전'을 본 사람이라면 아마도 깊이 공감할 수 있을 것이다.) 북유럽 르네상스 미술에서 세밀화가 크게 유행했던 것이나, 신라의 금관, 금대를 비롯한 두드러지게 정교한 금 세공품에서도 우리는 유목계의 직접적인 영향을 읽어낼 수 있다. 이와 같이 동일자의 잣대를 걷어내면 타자의 역사는 새롭게 다가온다.

그러나 자체 내의 기록이 미미한 유목민의 역사를 제대로 읽어내기란 결코 쉬운 일이 아니다. 그들이 남긴 유적, 유물들의 연구를 통하는 것과 다른 민족들이 남긴 사료들을 분석하는 방법이 있을 수 있겠으나 그 자체로 어려움이 많아 아직도 유목민의 역사 연구는 정착민의 것에 비해 걸음마 단계에 머물러 있음을 누구도 부인할 수 없는 실정이다.

해체주의 역사 비평이라 할 수 있는 '아! 흉노' 편에서 본인은 새로운 역사 읽기의 일환으로, 한족의 사서(『사기(史記)』, 『한서(漢書)』)에 드러난 흉노의 역사를 '검은 글씨'에 가려진 '흰 글씨'로 읽어내기를 시도해 보고자 한다. 즉, 차연의 해체 수법인 '여백 읽기'를 적용해 보기로 한 것이다. 활자와 활자 사이, 줄과 줄 사이, 문맥과 문맥 사이의 여백, 다시 말해서 동일자의 '검은 글씨'에 가려진 타자의 '흰 글씨'를 읽음으로써, 동일자의 역사가 은폐하고 있는 타자의 역사를 드러내고자 했다.

그런데 여기서 한 가지 분명히 해두어야 할 점이 있다. 역사의 해체화 과정은 기존의 역사 자체를 파괴하는 것이 결코 아니라는 것이다. 단지 동일자의 역사 뒤에 숨죽여 은폐되어 있는, 또는 편파적으로 왜곡되어 있는 타자의 역사를 드러내어 그 객관적인 가치를 부여하고자 함이다. 따라서 본인은 이 작업에 임함에 있어서 일방적으로 타자의 입장을 취하는 것이 아니라 기존의 역사 속에서 철저히 소외되어 온 타자의 위치에도 서 봄으로써 엄밀한 의미에서 제 3자의 시점으로 역사를 바라보고자 하는 것이다.

다시 한 번 강조하자면, 해체란 기존의 것을 막무가내로 깨부수는 것이 아니라 낱낱이 분해하는 것이다. 역사가 분해된다는 것은 그 사이사이의 여백을 드러낸다는 것이며, 그 여백 읽기가 바로 진정한 의미에서의 '역사의 해체'라 할 수 있는 것이다.

# 2.

## 아! 흉노 (2) : 역사의 자궁 코라(chora)

코라(chora) : 공간, 장소, 자궁처럼 발생을 허용하는 터. 생성
소멸이 그 안에서 발생하는 기반.

플라톤의 대화편 '티마이오스'를 읽다 보면 플라톤이 존재를 언급함에
있어서 일반적으로 알려진 이데아, 즉 형상(形相)과 그것의 모상(模像) 이외
에 모종의 '제 3의 장르'를 설정하고 있음을 알게 된다. 우리가 익히 알고
있는 바로는 모든 존재의 근원이 되는 형상(Idea)은 그 자체로 완전한 것으
로, 생성되지도 소멸되지도 않으며 감각에 의해 지각되는 것도 아닌 오로
지 지성에 의한 이해로서만 알 수 있는 것이다. 반면 이러한 형상의 모방물
로서의 모상은 감각에 의해 지각될 수 있고 생성소멸하며 끝없이 운동하는
성질을 갖는다.

그렇다면 '제 3의 장르'란 도대체 무엇인가? 플라톤에 의하면 그것은 감

각을 초월하는 형상이 감각에 의해 지각되는 모상이 되기 위한 생성의 장소, 즉 모종의 탄생 공간을 의미하는 '코라(chora)'이다. 따라서 코라는 어머니, 자궁, 유모에 비유되는 것이다. 그런데 여기서 한 가지 석연찮은 점이 발견된다. 완전한 존재로서의 형상이 자신의 그림자로서의 모상을 나툼에 있어서 왜 '제 3의 장르' 따위가 필요했을까?

데리다는 바로 이 부분의 틈새를 놓치지 않고 해체의 칼날을 들이민다. '티마이오스'에서 드러난 플라톤의 논리를 분석해 보면 아버지인 '형상'이 자신을 닮은 자식(모상)을 탄생시키기 위해서는 어머니로서의 '코라'가 반드시 필요하다는 결론이 나오게 된다. 이는 어머니 '코라'의 도움 없이는 아버지 '형상'의 존재가 온전히 작용할 수 없음을 뜻함이기도 하다. 즉 그 자체로 완전하다고 믿어 온 이데아(형상)는 결코 '진정한 완전함'이 아니라는 것을 플라톤 스스로가 인정하고 있음을 데리다는 지적하고 있는 것이다.

이렇게 데리다는 플라톤 철학에 있어서 '형상 중심주의' 해체의 열쇠를 다름 아닌 플라톤 철학 내부의 틈새에서 발견해 내었다.

### 스스로 자기 내부의 모순을 드러내어 밝히기

해체를 외파(外破 : explosion)가 아닌 내파(內破 : implosion)에, 전면전이 아닌 게릴라전에 비유하는 이유가 바로 여기에 있다고 하겠다. 이제 데리다는 오랜 세월 중심사상으로 군림해 온 아버지 '형상'의 이면에 가려져 있던 어머니 '코라'를 불러내어 밝은 태양 아래 세운다.

모든 존재의 어머니 코라!

그녀는 빈 공간이다. 그러나 단순히 텅 빈 공간이 아니라 생성의 힘과 가능성으로 꽉 찬 도(道)의 공간이다.

모든 생성의 수용자 코라!

그녀는 감각으로 지각되는 모든 모상들을 탄생시키지만 정작 그녀 자신은 어떠한 감각에 의해서도 지각되지 않는다. 감각 자체를 초월하므로 어떤 형태로도 그녀를 결정지을 수 없으며 어떠한 형태로도 고유의 모습을 가지지 않으므로 그녀는 일체의 자기 동일성을 배제한다.

코라! 그녀 안에는 어떠한 기준도, 잣대도, 법칙도 존재하지 않는다. 그녀 안에서 모든 가치는 선과 악, 옳고 그름, 좋고 나쁨의 온갖 대립을 지우고 대립을 넘어선 그 무엇, 즉 다양성과 차이로 자리매김된다.

코라! 그녀는 존재하지 않으나 모든 존재를 그 안에서 나투므로 단순히 부재한다고도 말할 수 없다. 또한 그녀는 모든 존재가 '생성되는 곳'인 동시에 '생성하는 곳'으로 능동과 수동의 대립조차 지워 버린다.

존재와 부재, 유와 무, 능동과 수동의 모든 대립을 지우고 어떠한 형태로도 자신의 존재를 결정짓지 않는 코라…….

그녀는 다름 아닌 차연이다.


## 역사의 자궁-코라

유사 이래 역사는 늘 동일자의 로고스로 기록되어 왔으나 정작 역사를 탄생시킨 것은 역사의 자궁이자 모태인 '코라'이다. 앞서 언급한 대로 코라에는 어떠한 기준도 잣대도 없다. 단지 수용한 역사가의 로고스를 충실히 반영하여 그 모상을 낳을 뿐이다.

플라톤은 '티마이오스'에서 코라의 성격을 다음과 같이 설명하고 있다.

> 이 바탕〔코라〕에 새겨질 상〔모상〕이 다양한 것이려면 바로 이것
> 〔코라〕 자체는 받아들이게 될 모든 형상들 중 어떤 형태도 갖지
> 않는 것 말고는 달리 최선의 상태가 없다. …… 그것〔코라〕은 본
> 성상 모든 형태로부터 벗어나 있는 것이 적절한 것이다.

우리는 윗글에서 한 가지 의미심장한 결론을 유추해낼 수 있다. 인류의
역사 또한 절대진리일 수 없으며 어떠한 형상이든 품어서 탄생시키는 비결
정성, 즉 코라의 산물일 뿐 그 이상도 그 이하도 아니라는 것이다.

비어 있으므로 충만한 도(道)의 공간.

차연이 숨쉬는 상대적 공간.

지금부터 나는 역사의 자궁, 코라 속으로 들어가려 한다.

그런데 여기서 한 가지 명심해야 할 점이 있다.

나는 탐험가가 깊은 동굴 속에서 숨겨진 보물을 발견하듯이 무엇인가를
찾으려 그 안으로 들어가는 것이 결코 아니라는 것이다. 아시다시피 그녀
안에는 우리가 발견할 수 있는 그 무엇도 들어 있지 않다. 그녀는 단지 그
녀가 수용한 '나(김숙경)의 로고스'로 드러나는 또 하나의 역사의 모상을 보
여줄 수 있을 뿐이다. 그러나 그 또한 어찌하랴! 역사란 그 이상의 아무것
도 아님을……

코라!

역사놀이

# 기록을 남긴 민족은 행복하다?

흉노는 기원전 4세기경 중국 북방의 광활한 초원지대를 배경으로 등장한 스텝 유목국가이다. 북방 유목민족은 처음에는 단순히 목축과 교역으로 생업을 꾸려갔으나 기원전 7세기 이후 남러시아 북부 코카서스 초원지대를 중심으로 활약했던 세계 최초의 기마 유목민족 스키타이계의 영향을 받아 점차 강력한 기마 전사 민족으로 바뀌어 갔다고 한다. 그 대표적인 유목민족이 바로 흉노인 것이다.

흉노는 사료의 미비로 말미암아 그 민족 구성원이 확실하게 밝혀져 있지 않다. 대략 투르크계와 몽골계를 중심으로 한 여러 북방계의 다민족 국가로 알려져 있으나 그 주도 세력이 어느 민족이었는지에 대해서는 의견이 갈리어 주로 서방의 학자들은 투르크계를, 중국과 동북아의 학자들은 몽골계를 지지하고 있는 실정이다. 아전인수(我田引水)격이라고나 할까.

흉노는 일체의 기록을 남기지 않았다. 아니, 정확히 말하자면 흉노는 문자 자체를 가지지 않은 민족이었다. 앞에서도 언급한 바 있듯이 물과 초지를 찾아 늘 이동하는 습성을 지닌 유목민에게 있어서 어떠한 형태의 기념비적 문화도 뿌리내릴 수 없었던 것이다.

그리스의 역사학자 헤로도투스는 스키타이족을 언급함에 있어서 유목민족으로서의 특성을 다음과 같이 지적하고 있다.

그들은 말을 타고 활을 쏘는 부족으로 생활은 농경이 아니라 가축에 의존하며, 거리도 성채도 구축하지 않고, 사는 집은 짐승에게 끌게 하여 이동한다.

그렇다고 해서 유목민족에게 문화가 없다고 함부로 단언해서는 안 될 일이다. 어느 일본 학자는 '기마 유목민족은 문화를 남기는 일에는 무관심했다'라고 적고 있으나 그 판단이야말로 집, 탑, 성곽 등의 건축물이나 죽간, 목간, 서책 등의 기록물에 문화적 가치의 큰 비중을 두었던 정착 농경민의 입장에서 본 문화의 잣대에 불과할 뿐이다.

유목민들에게도 그들 삶의 방식에 걸맞은 그들만의 독특한 문화가 있었다. 무엇보다도 이동이 잦은 생활에서 그들이 늘 지니고 다녔던 갖가지 공예품, 의장류, 무기류 등은 세계 어느 민족도 따라올 수 없을 만큼 정교하고 빼어난 세공기술과 실용성, 심미성 등을 고루 갖추고 있었다. 또한 그들의 삶이 노천 생활로 영위되었던 까닭에 자연의 변화를 관찰하고 읽어내는 뛰어난 감각적 능력을 가지고 있었으며 이는 자연히 그들의 종교관으로 이어져 유목민 특유의 터부(taboo)와 제례의식 문화를 낳기도 했다. (그들은 전투시 달이 기울면 공격하지 않고 물러난다. 그들의 왕은 매일 아침 일출에 절하고 저녁 달을 보며 절한다. 대사를 앞두고는 달이나 별을 관찰한다 등)

개인적인 추측에 불과하지만 한정 없이 드넓은 초원지대를 말 달리며 가축 떼를 몰거나 상호간에 의사교환을 해야 했던 그들의 생활 속에는 매우 우렁차고 드높은 목청으로 지어내는 그들만의 독특한 음악문화가 있었으리라. (북방계 악기에서 유래된 우리나라 태평소—일명 호적(胡笛), 또는 날라리—의 높고 힘찬 소리를 들을 때마다 나는 곧잘 북방 유목민의 낭랑한 목청을 연상하곤 한다.) 그 밖에 기마 유목민족 특유의 마술(馬術), 궁술(弓術), 춤, 놀이, 혼례의식에 이르기까지 그들이라고 어찌 문화가 없었겠는가!

누군가 '기록을 남긴 민족은 행복하다'고 했다. 어찌 됐든 역사란 남겨진 것을 가지고 이야기할 수밖에 없지 않은가. 그렇다면 그 여백의 공허함은 무엇으로 채울 수 있을까?

　역사의 여백, 그 공허함이 낳은 이야기를 계속 해 보기로 하자.

# 3.

## 아! 흉노 (3) : 안티 흉노열전 – 세계지도 거꾸로 보기

 

 

역사학자 김호동 교수는 종종 세계지도를 거꾸로 놓고 본다고 했다. 북방 이민족(중국 기준으로)들의 입장에서 세계를 바라보기 위함이다.

장찡화 선생이 선물로 준 커다란 중국 지도. 나는 벽에 걸려 있는 그 지도를 내려 방바닥 위에 거꾸로 펼쳐 놓는다. 잠시 고정관념의 급선회가 시야를 흔들고 지나갔다. 이윽고 만리장성 이북의 먼 오랑캐 땅이 성큼 눈높이로 다가오자 나도 모르게 감탄사가 터져 나왔다.

'아! 이렇게 다르구나.'

놀랍게도 기존에는 황막하게만 느껴졌던 북방의 초원지대가 갑자기 친근하게 다가오면서 오히려 만리장성 이남의 중국 땅이 멀고 낯설게 느껴지는 것이었다. 나는 시야에서 사뭇 멀어진 중국 땅을 바라보며 잠시 생각에 잠겨본다.

2천년 전 기마 유목민족인 흉노, 말 등에 올라 세상이 좁다 하며 종횡무진 내달렸을 그들의 눈에 비친 농경 정착민의 모습은 어떤 것이었을까? 평생을 한 곳에 눌러앉아 죽도록 땅을 파대고 가축 떼처럼 풀을 베어 먹고 살아가는 그들이 오히려 불쌍하게 여겨지지는 않았을까? 남녀노소 할 것 없이 말을 타고 내달리며 미친 듯이 괴성을 질러댔을 그들…….

예의범절도 모르고 이득이 있는 곳이면 어디라도 염치도 모르고 달려갔다는 그들의 마음을 알아보기 위해 그들의 적국이었던 한족의 마음 속으로 들어갈 수밖에 없음은 분명히 '역사의 비극'이라 아니할 수 없다. 그러나 반드시 그렇지만은 않을 수도 있지 않을까? 지도를 거꾸로 놓고 바라보듯이 마음도 거꾸로 바라볼 수만 있다면 말이다. 역사의 마음, 그것은 곧 동일자의 마음이다.

이제 그 마음의 반대편에 서서 그들을 바라보기로 하자. 그렇다고 해도 우리는 결코 흉노의 마음을 온전히 알 수는 없으리라. 아마도 영원히 알 수 없으리라. 그 사실만큼은 어찌할 수 없는 '역사의 비극'이다. 그러나 다시금 냉정히 반추해 보자. 우리가 그 무엇인들 온전히 알 수 있겠는가? 동일자의 역사는 그러한가? 진정 그렇다고 말할 수 있을까?


## 안티 흉노열전

나는 사마천의 『사기(史記)』 중 「흉노열전」을 펼쳐 들고 사마천이 흉노의 습속에 관해 묘사해 놓은 부분을 찬찬히 살펴보기 시작했다.


흉노에서는 어린아이도 양을 타고 다니며 활로 새나 쥐를 쏘아

흉노인상

잡는다. 소년이 되면 여우나 토끼 사냥으로 집안의 생계를 돕고, 청장년이 되면 전원 무장기병(武裝騎兵)이 된다. 평화 시에는 목축과 사냥에 종사하고 전시에는 전원 전투에 임해 침략과 공격을 행하는데 그것은 그들의 천성이다. 전세가 유리하면 전진하고 불리하면 도망치기를 부끄러워하지 않는다. 후퇴를 불명예로 생각하지 않으며 이득이 되는 곳이면 예의도 따지지 않는다.

군주와 모든 백성들이 짐승의 고기와 젖을 주식으로 하며 가죽과 모피로 만든 옷을 입고 천막식 가옥에서 산다. 젊은이는 좋고 기름진 것을 먹으며 그 나머지는 노인들이 먹는다. 건장한 자가 존중받으며 노약자는 멸시받는다. 아비가 죽으면 계모를 아내로 삼고 형제가 죽으면 그 처들 역시 아내로 삼는다.

다소 극단적으로 표현하자면 이와 같은 기록은 사마천의 잣대로 본 흉노의 모습이라 해도 크게 어긋나지 않을 것이다. 그의 잣대가 어디에 근거해 있는지 알아보기 위해서 잠시 사마천의 시대로 돌아가 보기로 하자.

『사기』가 쓰여진 기원전 2세기의 중국은 정치적인 분열과 혼란이 종식되고 통일국가로서의 질서와 체제가 확립되는 등 여러 면에서 힘을 얻고 안정기를 맞이한 한무제대(漢武帝代)이다. 당시는 바야흐로 새로운 국가발전을 위하여 지난 시대의 역사 문화의 종합 총괄 작업이 요구되던 시기로, 『사기』는 바로 그 시대적 요구에 부응하여 탄생한 대사서(大史書)라 할 수 있겠다.

그 시대의 사상적 배경을 살펴보자면 혼란기에 우후죽순처럼 난립했던 백가쟁명(百家爭鳴)은 종식을 고하고 진시황(秦始皇)의 강력한 통치정책에 의해 억압되었던 유가사상이 때를 만나 활짝 꽃피운 시기라고 할 수 있다.

무제에게 중용된 당대의 석학 동중서(董仲舒)는 유교를 한나라의 국교로 하였으며 공자가 편찬한 역사서 『춘추(春秋)』를 국가 통치의 기본 원리로 삼았다. 그런데 여기서 유념해야 될 한 가지 사실은 후대의 사서에 지대한 영향을 끼쳤던 『춘추』는 단순히 역사적 사건의 기록이 아닌 권선징악을 기초로 한 도덕적이고 교훈적인 책이라는 것이다.

사마천의 『사기』 또한 『춘추』와 그 주석서가 역사서로서의 최고의 위치를 차지하고 있던 시대에 쓰여진 책으로 무엇보다도 『춘추』의 영향을 깊이 받았음은 부인할 수 없는 사실이다. 『사기』의 「태사공자서(太史公自序)」를 보면 사마천의 아버지 사마담이 임종 시 아들에게 특별히 공자를 주지시키고 자신들을 공자의 후계자로 생각했다는 대목이 시사하는 바가 크듯이 사마천이 후대인들에 의해 솔직하고 비판적인 사가로 높이 평가받고 있음은 사실이다. 그러나 한편으로 그의 사서가 도덕적 원리에 입각한 '예(禮)'의

사마천

책'이라는 유가적 틀에서 결코 벗어나지 못하고 있음을 간과해서는 안 될 것이다.

결국 우리가 분석해 보고자 했던 사마천의 잣대는 다름 아닌 '유가적 틀'이었으며 따라서 그가 「흉노열전」을 집필함에 있어서 알게 모르게 '유가적 틀'이라는 주관적 잣대에 입각해 있었음을 미루어 짐작해 볼 수 있다.

그런데 여기서 반드시 밝혀 두어야 할 한 가지 사실이 있다. 그것은 이 글의 의도가 유가사상의 성격이나 그 장단점을 논함에 있는 것이 결코 아니라는 것이다. 중요한 것은 유가사상 자체가 한나라의 통치이념이자 사상적 지주였을 뿐 흉노와는 무관한 사상이었다는 점이다. 따라서 유가사상에 입각해서 흉노를 진단한다는 것은 기독교의 교리로 이슬람이나 불교권을 진단하는 것과 같은 오류를 범하게 되고 만다.

이제 그 부분을 낱낱이 밝힐 차례가 되었다. 이제부터 우리는 사마천의 로고스로 쓰여진 『사기』를 읽는 것이 아니라 역사의 자궁 '코라'가 낳은 '사마천의 사기'를 읽게 되는 것이다.

역사놀이

# 「흉노열전」의 해체적 읽기

<u>1) 흉노의 남자는 성장하면 모두 무장기병이 되어 평화 시에는 목축과 사냥에 종사하고, 전시에는 전원 전투에 임해 침략과 공격을 일삼는데 이는 그들의 천성이다.</u>

이 부분에서 우리는 사마천이 흉노의 전쟁을 오로지 '침략과 공격'으로 단정짓고 있다는 것을 알 수 있다. 물론 고대 북방 유목민족은 인종과 언어가 다양한 다민족 집합체로 부족 간에 문화적 차이도 컸으며 이에 정치·경제적 차이가 변수로 작용하여 서로 간에 잦은 전쟁이 유발될 수밖에 없었다.

그러나 같은 시기 한무제는 '영토확장사업'이라는 명목 하에 그야말로 침략과 공격 행위를 밥 먹듯이 자행하지 않았던가! 북으로는 흉노를 쳐서 유목민의 소중한 생활터전인 오르도스 전 지역(오늘날의 내몽골 초원지대)을 빼앗았고, 흉노의 여인들이 얼굴을 붉게 물들였다는 잇꽃의 산지—연지산(기련산) 일대—를 빼앗아 버려 도망치던 흉노족들이 '이제는 여인의 얼굴에 물들일 연지도 없어졌다'라고 한탄했다는 시구가 오늘날까지 전해져 내려오고 있다. 뿐만 아니라 동으로는 한반도에까지 쳐들어와 낙랑·진번·임둔·현도의 한사군(漢四郡)을 설치하고, 서로는 무위·장액·주천·돈황에 하서사군(河西四郡)을 세워 중앙아시아 일대의 드넓은 영토를 수중에 넣었다.

한번 냉정히 따져 보자. 한족이 벌인 전쟁은 '영토확장사업'이고 다른 민족의 전쟁은 '침략'이란 말인가? (내가 하면 '로맨스' 남이 하면 '불륜' ^^) 당시의 시대적 상황을 백분 고려한다손 치더라도 어느 한 민족만을 지목해 침략자로 매도하는 것은 공정한 평가라 할 수 없을 것이다.

2) 전세가 유리하면 전진하고 불리하면 도망치기를 부끄러워하지 않는다. 후퇴를 불명예로 여기지 않으며 이득이 있는 곳이면 예의도 가리지 않고 달려간다.

이 또한 정착민이 설정한 전쟁의 원칙에 입각한 주관적 해석의 좋은 예라 하겠다. 군주에 대한 충성과 복종, 명분과 예의를 중시하는 유가 전통에 입각한 전쟁의 원칙들은 흉노족의 입장에서 볼 때 도대체 납득할 수 없는 이상한 구호에 지나지 않았을 것이다.

당시의 모든 명분이 사라진 오늘날 우리의 시각으로 바라보아도 전세가 불리한데 막무가내로 전진하는 것은 무모하기 짝이 없는 행위로 여겨진다. 오히려 유리하면 나아가고 불리하면 후퇴하는 흉노의 전술이 합당하게 여겨짐은 부인할 수 없는 사실이다. 또한 전술을 논함에 있어서 척박한 환경과 수적 열세에 있는 유목민족의 전술은 전면전이 아닌 게릴라전이 될 수밖에 없음을 그들의 특수성으로 이해해야만 한다.

특히 그들의 뛰어난 수렵기술에서 발전된 전술의 특색은 변화무쌍하고 기동력이 뛰어나며 마치 짐승을 포획하듯이 승리의 확률이 가장 높을 때를 틈타 적을 덮치고 유인, 소탕하는 게릴라 전법을 취하게 되었던 것이다. 이러한 그들의 전술을 교활하고 비신사적이라 치부하는 것 또한 정착민의 전술에 입각한 주관적 판단에 지나지 않는 것이다.

한나라의 유경은 흉노를 '인의(仁義)가 안 통하는 족속들'이라고 했으며 사마천도 '이득이 되면 예의도 따지지 않고 달려가는 종족'이라고 적고 있다. 맞는 말일지도 모른다. 그러나 인(仁)과 의(義)는 한의 이데올로기이지 흉노의 것은 아니다. 인의의 잣대로 볼 때 흉노는 예의도 염치도 없는 야만족에 불과하겠지만 반대로 실리주의를 추구하는 흉노의 입장에서 볼 때 한족은 명분만을 중시하고 개인의 권리는 말살된 허황되고 불쌍한 민족으로 보였을지도 모를 일이다. (한족은 전리품이 모두 군주의 것이 되지만 흉노족은 획득한 개인의 소유가 된다.)

어느 쪽이 우등하고 어느 쪽이 열등한가, 또는 어느 쪽이 선이고 어느 쪽이 악인가 하는 따위의 이분법적 정의는 모름지기 판단하는 자가 어느 쪽의 입장에 서느냐에 달려 있다. 우리는 여기서 같은 민족일지라도 진시황 치하에서는 유가사상이 오히려 '독'으로 치부되었던 시절이 있었다는 점을 상기해 볼 필요가 있다.


3) 젊은이는 좋고 기름진 것을 먹고 노인들은 남긴 것을 먹는다. 건장한 자가 존중받고 노약자는 멸시받는다. 아비가 죽으면 계모를 아내로 삼고 형제가 죽으면 그 처들 또한 아내로 삼는다.


이 부분에 대한 논의는 이제와는 조금 다른 방법으로 접근해 보기로 하겠다. 데리다가 '형상 중심주의' 해체의 열쇠를 플라톤 철학 내부에서 발견하였듯이 나는 「흉노열전」 해체의 열쇠를 바로 『사기』의 내부에서 발견하게 되었다.

「흉노열전」에는 한족의 입을 통해 한족의 모순을 비판하는 내용이 쓰여 있다. 그 주인공은 누구인가? 바로 효문제 때의 환관 중항열(中行說)이다.

우리는 흉노의 선우(單于 : 흉노의 왕)에게 시집가는 왕소군의 이야기를 잘 알고 있다. 도저히 힘으로 흉노의 게릴라 전법에 대적해서 이길 수 없었던 한나라 조정은 흉노와 불평등 협약을 맺고 매년 막대한 공물과 함께 황족의 여인을 흉노의 선우에게 바쳤다.

효문제 때의 일이다. 흉노의 노상선우에게 바쳐지는 황족 여인에게 환관 중항열이 딸려 보내지게 되었다. 본인이 원치 않았는데 억지로 보내진 중항열은 한나라 조정에 앙심을 품고 속으로 이렇게 다짐했다고 한다.

'내가 흉노에 가면 반드시 한나라의 화근이 되리라.'

그리고 흉노 땅에 도착하자마자 선우의 신하가 되어 많은 도움과 조언을 주게 된다. 어느 해 흉노로 보내진 한나라 사신과 중항열의 대화를 통해 「흉노열전」의 해체적 읽기를 대신해 보기로 한다.

사  신  흉노에는 노인을 천대하는 풍습이 있다고 들었소. 좋은 음식은 힘센 청장년이 먹고 노인은 찌꺼기만 준다던데…….

중항열  한나라 풍속에도 아들이 종군하면 양친이 두껍고 따뜻한 옷을 벗어 주고 기름지고 맛있는 음식을 먹여 보내지 않는가?

사  신  그건 그렇소만…….

중항열  흉노는 알다시피 싸움을 큰 일로 알고 있소. 늙고 약한 사람은 싸울 수가 없소. 그러기에 자기들이 먹을 좋은 음식을 건장한 사람들에게 먹이는 것이오. 이는 스스로를 보호하기 위한 것이 되고 이리하여 아비와 자식이 몸을 보존할 수 있는 것이오. 그것을 가지고 어떻게 흉노가 노인을 가볍게 여긴다고 할 수 있겠소?

역사놀이

흉노의 선우에게 시집가는 왕소군

사 신  그러나 흉노는 아비가 죽으면 자식이 그 계모를 아내로 삼고 형제
      가 죽으면 남아 있는 형제가 그 아내를 취한다니 이는 인간의 도리
      가 아니오.

중항열  모르는 소리! 부자형제가 죽어서 남은 사람이 그 아내를 맞아들이
      는 것은 대가 끊기는 것을 두려워하기 때문이오. 그러므로 흉노는
      어지럽기는 하나 종족만은 그대로 유지되어 있는 것이오. 그런데
      중국의 경우 외면상으로는 아비와 형제의 아내와 혼인하는 일은 없
      지만 친족관계의 거리가 멀어지게 되면 서로 죽이기까지 하지 않
      소?

      (김숙경 : 아마도 모든 성인 남자가 군인이었던 흉노에서는 잦은 전쟁으로 인
      해 한 집안에 홀로 남겨진 부인들이 많았을 것이다. 더구나 적은 무리로 늘 이
      동하는 유목민 생활에서 집안에 남은 남자가 홀로 된 부인들과 아이들을 돌보
      아야 함은 자연스러운 발상이 아니었을까?)

사 신  흉노는 의관정제도 안하고 조정에서의 의식과 예절도 없소.

중항열  흉노의 풍습은 가축의 고기를 먹고 그 젖을 마시며 그 털가죽으로
      옷을 해 입소. 그것이 흉노에 맞는 의복이오. 달리 무슨 의관정제가
      필요하겠소? 또한 흉노의 약속은 간편하여 실행하기가 쉽고 임금
      과 신하의 관계도 간단하고 쉬워서 나라의 정치는 흡사 한 집안의
      일과 같소.

중항열  충성이나 믿음의 마음도 없이 예의를 강요하기에 중국은 위아래가
      서로 원한으로 맺어져 있고 또한 궁실을 꾸미고 겉치레하는 데 국
      력을 소진하오. 백성들은 농사짓고 누에치기에 온 힘을 다 빼앗겨
      전시에도 싸움을 익히지 못하니 겉만 화려하고 실속이 없는데 의관
      정제는 해서 무슨 소용이란 말이오.

사 신  …….

이제 흉노의 최후를 이야기할 때가 되었다.

다음 장은 흉노 시리즈의 마지막으로 흉노의 최후와 그 후의 자취를 추
적하며 한반도와의 관계, 그리고 역사의 진실에 관해 묻게 된다.

# 4.

## 아! 흉노 (4) : <u>나는 역사를 믿지 않는다.</u>

### 천마(天馬)를 찾아서

나는 지금 장안 땅(지금의 서안) 서쪽 60km에 위치해 있는 무릉(茂陵 : 전한 (前漢)의 7대 황제인 무제(武帝)의 능)을 향하고 있다. 내가 무릉을 찾아가는 이유는 단 하나, 능 부근에 세워진 천마상(天馬像)을 보기 위함이다.

달릴 때 목덜미에서 피땀을 흘린다 하여 한혈마(汗血馬)라고도 불리는 천마……

기원전 139년 한무제는 오랜 숙적 흉노를 치기 위해 장건을 월지국(月氏國)으로 보냈다. 당시 흉노와는 원수지간이었던 월지국 왕을 설득해 동서 협공의 대(對)흉노 동맹군을 결성하기 위함이었다. 그러나 파미르고원 서쪽에 위치해 있는 월지국(지금의 우즈베키스탄)으로 가기 위해서는 만리장성 북방(현재의 내 · 외몽골) 전 지역을 차지하고 있던 흉노의 땅을 통과하지 않고는 진입이 불가능했다.

'죽거나 혹은 나쁘거나'

장건의 무대포식 원정은 마침내 흉노의 포로가 됨으로써 좌절되고 만다. 다행히 목숨은 구했으나 흉노 땅에서 기약 없는 유배생활을 보내야 했던 장건은 모든 것을 체념한 듯 흉노의 여인과 결혼하여 아이도 낳고 흉노의 사내처럼 기마 유목생활을 하며 장장 10년의 세월을 보내게 된다.

그러나 한시도 월지국행의 의지를 꺾어 본 적이 없는 장건은 한순간의 혼란을 틈타 도주에 성공, 기어이 월지국에 도착하고야 만다. 의지의 사나이 장건이 월지국에 도착했을 때는 이미 흉노에 원한을 품었던 월지왕은 죽은 뒤였다. 황후의 통치 하에 있는 월지국은 평화와 안정기에 접어들어 전혀 싸울 의사를 보이지 않았다. 허탈해진 장건은 한나라로 돌아오는 도중 다시 흉노의 땅에서 붙잡혀 1년 간의 포로생활 끝에 또다시 탈출에 성공, 13년 만에 극적으로 귀향하게 된다.

(그들 말대로라면 예의도 인의도 모르는 흉포한 야만족 흉노에게 붙잡혀, 그것도 적국 사신의 신분으로 두 번씩이나 목숨을 건지고 살아 돌아오다니……. 그야말로 억세게 운 좋은 사내다. 어찌 생각해 보면 위인의 역사란 이렇게 운 좋은 사람들의 몫인지도 모르겠다.)

어쨌든 소득이 없이 세월만 허비한 채 돌아온 장건은 무제를 배알할 면목이 서지 않았다. 그러나 뜻밖에도 무제는 장건의 서역 원정담을 들으며 몹시 흥미있어 하는 것이었다. 특히 대원국(大宛國 : 타지키스탄의 페르가나 지방)의 천마에 대한 보고는 그를 흥분에 떨게 만들었다.

"대원국에 피땀을 흘리는 말이 있는데 그 말의 선조는 천마의 자식이라 하옵니다."

하루에 천리를 달린다는 천마의 아들……. 달릴 때 목덜미에서 피땀이 솟아난다는 한혈마!

무제는 무릎을 쳤다.

"우리 한나라 군사가 수적으로 우세함에도 불구하고 번번이 흉노에게 패했던 것은 군사나 전략이 모자라서가 아니라 말이 약했기 때문이다."

무제는 천마가 탐이 나서 견딜 수가 없었다. 결국 무제의 탐욕을 채우기 위해 이사장군 이광리가 이끄는 한의 원정군은 수만 리 길을 멀다 않고 내달려 대원국을 치고 마침내 꿈에도 그리던 천마를 획득하게 된다.

그 때의 감격을 무제는 이렇게 읊었다고 한다.

"천마가 오도다, 서녘 끝에서. 유사(流沙)를 건너서 사방의 오랑캐들을 정복했네." — 「사기」

얼마나 좋았으면 노래를 다 지어 읊었을까…….

이후 무제의 예상대로 천마는 그 값을 톡톡히 치러 주었다. 한의 대(對)흉노 전투는 승리를 거듭하여 하서회랑에서 흉노군을 몰아내고 무위·장액·주천·돈황에 하서사군(河西四軍)을 설치하였으며 나아가 타클라마칸 사막 일대의 드넓은 영토를 수중에 넣었다. 이른바 서방 교역로이자 동서 문물의 교류지라 할 수 있는 '실크로드'가 환하게 열린 것이다.

한편 한무제와의 몇 차례 전투에서 대패한 흉노는 영토의 요지를 빼앗기고 내분마저 겹쳐 급기야 멸망의 길로 치닫기 시작한다. 먼저 동·서로 분열된 흉노는 서흉노가 이동해 동유럽의 훈족이 되었다는 설이 있으나 아직까지 확실한 근거를 찾지 못하고 있는 실정이다. 단지 기원전 36년 서흉노는 '역사의 무대에서 사라짐'으로 기록에 남아 있을 뿐이다. 그리고 동흉노는 기원후 48년 다시 남·북으로 갈라져 남흉노는 후한(後漢)에 투항, 북흉노는 선비에 정복됨으로써 지리멸렬한 최후를 맞이했다고 한다. 그렇게 기록되어 있다.

그 후 오랜 세월이 흘렀다.

2003년 4월.

돈황으로 가는 길목, 남으로 기련 산맥이 병풍처럼 둘러선 하서회랑(河西迴廊)을 지나며 북으로 고비탄의 모래 바람 너머 푸르른 오르도스의 대평원을 마음 속으로 응시한다.

그것은 환상이어도 좋았다.

뿌연 흙먼지를 구름처럼 일으키며 흉노의 기마전사 한 무리가 어딘가를 향해 힘차게 달려가고 있다. 짐승처럼 괴성을 질러대며 쉴 새 없이 박차를 가한다. 날카로운 눈매에 강인한 턱, 삭발한 정수리에 남은 한 줌 머리털을 불꽃처럼 휘날리며 그렇게 그들은 알 수 없는 역사의 구멍 속으로 사라져 갔다.

흉노는 어디로 간 것일까…….


## 흉노는 없다?

기록을 남긴 민족은 행복하다고 했다. 그런 점에서 기록을 남기지 않은, 아니 기록을 남길 수 없었던 흉노는 불행한 민족이었는지도 모른다. 그러나 그 불행을 뼈저리게 느껴야 할 흉노족은 오늘날 어디에서도 찾아볼 수 없다. 그렇다고 해서 흉노는 없다고 단정지을 수 있을까?

정말 흉노는 어디에도 없는 걸까?

의문의 꼬리는 고비사막의 뽀얀 모래 먼지 속으로 자취를 감추고 기차는 격전지 하서회랑을 벗어나 서쪽으로, 서쪽으로 달려가고 있었다. 더러는 엉뚱한 발상이라고 의아해 할지도 모르겠다. 그러나 나는 대륙의 동쪽 끝, 한반도 동남단의 경주로 발걸음을 옮겨 볼까 한다.

한번 가정해 보자. 한족과 선비족의 지배를 모두 거부했던 흉노의 한 무리가 말을 달려 동쪽으로, 동쪽으로 이동했었다고······.

그들은 유라시아 대륙의 동쪽 끝, 한반도의 동남단 최후까지 달려와 마침내 그들의 행군을 가로막는 동해 바다의 위력 앞에 우뚝 멈춰 섰을지도 모른다고······.

그들의 두 눈은 휘둥그레지고 벌어진 입은 닫힐 줄을 몰랐으리라.

끝없이 펼쳐진 물의 대초원! 그 위를 양떼처럼 하얗게 몰려와서는 그만 대지를 집어 삼킬 듯 높이 솟구쳐 오르는 파도. 태어나서 처음 바라본······ 아! 물의 놀라움.

'흉노의 무리는 말에서 내려 엄숙히 바다에 절하고 그 자리에 나라를 세웠다'라고 한번 가정해 보자. 황당하다고? 말도 안 된다고? 그 따위 오랑캐 족속이 신라인의 조상이라니 기분 나쁘다고? 그래서 애초에 가정이라고 하지 않았는가. (^^)

그건 그렇고 기왕에 경주에 왔으니 천마총(天馬塚)에나 한번 들러 보도록 하자. 천마총은 '천마도(天馬圖)'가 출토되었다 하여 이름 붙여진 신라 왕실의 무덤이다. 한무제가 그토록 갖기를 열망했다는 천마, 달릴 때 목덜미에서 피땀이 솟아난다 하여 한혈마라고도 불렸다는 명마 중의 명마. 그리고 흉노의 특산물 중 하나이기도 했다는 그 천마와 천마총의 천마와는 어떤 상관관계가 있는지 알 수 없는 일이다. 천마도가 그려진 자작나무 껍질이 신라 땅에서는 나지 않는 옛 흉노 지방의 특산물이었다는 사실밖에는……

천마도는 그만 놔두고 이번에는 황남대총의 출토물 금제 허리띠를 한번 살펴보기로 하자. 눈부신 금빛 황홀함에 취했다면 잠시 정신을 가다듬고 장식 끝에 매달려 있는 '물고기 문양'에 주목할 일이다. 옛 흉노의 땅, 알타이 산록에서 발굴된 흉노의 무덤인 파지릭 적석총의 주인공 미이라에도 똑같이 생긴 물고기 문신이 새겨져 있다. 어쩌면 흉노의 왕과 신라의 왕들은 '우연히도' 똑같은 물고기 토템을 소유하고 있었는지도 모를 일이다. '우연히도' 말이다. 그런데 옛 흉노의 땅에서 살아가는 몽골인들은 물고기를 신성시하여 먹지 않는 풍습이 있다고 한다.

몽골의 '오보(Ovo)'와 한반도의 서낭당은 동일한 모양과 의미를 가진 샤머니즘이다. 한반도 곳곳에 널려있는 석상들과 몽골 땅의 옛 석상들은 너무나도 흡사하게 서로가 닮아 있다. 여인들의 얼굴에 연지를 찍는 풍습은 또 어떠한가.(이익은 『성호사설』에서 '연지의 풍속은 흉노에서 들어왔다'라고 적고 있다.) 그리고 흉노의 방위색과 우리 무속의 오방색은 정확히 일치한다. 이 모든 것이 다 우연의 소산인지도 모른다. 아니면 간접적으로 전래된 문화의 일부이거나……

그러나 우리에겐 한 가지 의미심장한 기록이 남아 있다. 신라의 제 4대왕 석탈해(昔脫解 : 제위 57~80)는 이방인이었다고 한다. 그의 고향은 왜국 규슈의 동북 천리에 있는 다파나국(多婆那國)이며 그는 배를 타고 한반도로 왔다. 그의 기물 중에 각배(角杯 : 뿔잔)가 있는데 이는 이란과 아프간의 고대 기물로, 중국과 동남아 지역에서는 전혀 발견되지 않고 한반도 땅에서도 백제와 고구려를 제외한 신라와 가야 땅에서만 출토되고 있다. 몽골에서는 불과 수십 년 전까지만 해도 사용했었다고 하는 각배……. 그렇다면 신라와 가야의 왕들은 흉노식 제사장 역할을 했었다는 말인가?

그보다 더욱 구체적인 단서를 보여 주고 있는 적석총(積石塚 : 돌무지 무덤)의 경로를 살펴보기로 하자. 알타이 산록의 흉노 무덤 파지릭 적석묘군은 몽골의 바얀홍골 지방에서도 나타나며 내몽골의 적봉 지방, 요령성의 누상, 그리고 한반도 충주 지방의 적석총으로 이어진다. 이를 근거로 학계의 일부는 알타이-몽골-만주-한반도의 루트를 진국(辰國 : 辰韓, 신라의 전신) 인의 이동로로 추정하는 학설을 내놓게 된다.

2천년 전 사분오열되어 멸망의 길을 걷던 흉노의 한 무리가 자유를 찾아 동진을 거듭한 끝에 더 이상 갈 곳 없는 한반도의 동남단, 짙푸른 동해 바다 앞에 섰다. 더 이상 내달릴 초원도, 길들일 가축 떼도, 넘어야 할 만리장성도 없는 좁디좁은 땅, 한반도의 끝에 서서 그들은 고향의 초원처럼 푸르고 드넓은, 그러나 한발자국도 내디딜 수 없는 바다를 바라보며 그들의 운명을 예감하고 말았으리라. 마침내 그들은 말에서 내려섰다. 절대권력으로 그들을 제압하는 바다에 절하고 그렇게 그들은 정착민이 되어갔다.

그래, 그렇다고 한번 가정해 보자 이 말이다.

그러나 가정과 실재에는 얼마만큼의 차이가 있는 걸까?

진실과 허위는?

우연과 필연은?

꿈과 현실은?

이제 경주벌도 떠나야 할 시간이 되었다. 선도산 산마루에 걸린 저녁노을이 연지산의 잇꽃처럼 붉기도 붉다. 이제야말로 역사의 자궁 '코라'에서 나갈 때가 된 것 같다. 이야기가 끝나간다는 말이다.

자궁으로부터의 이탈은 무엇을 의미하는가?

'탄생!'

그렇다. 나는 나의 로고스로 기록된 또 하나의 역사를 안고 역사의 자궁 '코라'로부터 나온 것이다. 나의 기록이 어떠한 것이 되었건 그 평가에 대해서도 이제는 어찌할 수 없는 입장에 서고 말았다. 사마천은 후대의 평가에 대해 어떻게 반응했을지 궁금해진다. 혹시 이런 말을 하지 않았을까?

'나로서는 그렇게밖에 쓸 수 없었소.'

나 역시 그렇게밖에는 할 말이 없다.

코라!

『한서』를 집필한 후한대의 사가 반고(班固)는 사마천을 '진실의 기록자'로 평하고 있다.

> 그의 글은 직설적이고 견실하다. 그는 아름다운 일을 날조하지도 않았고, 악한 일을 은폐하지도 않았다. 그러므로 그의 책은 진실의 기록이라 불리는 것이다.

진실, 진실이란 무엇인가?

물음의 각도를 조금 달리해 보자. 역사에 있어서 진실이란 무엇인가? 도대체 어디까지가 진실이고 어디서부터가 허위인가? 아니, 진실은 있기나 한걸까?

'티마이오스'로 돌아가 보자.

코라(chora) — 공간, 장소, 자궁처럼 발생을 허용하는 터. 생성소멸이 그 안에서 발생하는 기반.

나는 이 글의 출발을 이와 같은 문장으로 시작했었다.

이제 글을 마치면서 나는 다시금 코라를 이야기하지 않을 수 없다.

코라 — 형상과 모상 이외의 제 3의 장르, 감각을 초월한 형상이 감각에 의해 지각되는 모상으로 탄생하기 위한 생성의 장소. 생성하는 모든 것에 자리를 제공하지만 자신은 일체의 감각적 지각을 동반하지 않는, 지성으로서의 형상과 감각으로서의 모상 사이에 존재하는 공간 아닌 공간……. 플라톤 자신도 이 모종의 장르를 일컬어 가장 이야기하기 어렵고 파악하기 힘든 것으로 마치 꿈꾸는 상태와 같다고 표현하고 있다.

꿈꾸는 코라, 존재의 자궁!

그렇다면 이 세상은 온통 꿈의 산물이란 말인가? 그리고 인간은 모두 꿈의 자식들……. 어쩌면 인류의 역사란 꿈같은 것인지도 모른다.

그렇다! 인류는 기나긴 꿈을 꾸고 있었던 것이다.

아, 시옹누(匈奴)!

역사를 이야기하다

김숙경   서양의 전통 형이상학의 역사 속에서 중심주의는 이원론과 뗄 수 없는 관계를 맺고 있다고 할 수 있습니다. 예컨대 '서양 중심주의'는 서양과 동양을, '남성 중심주의'는 남성과 여성을 가르고 전자가 후자를 억압하고 지배한다는 이원적 지배체제를 구축해 왔다고 볼 수 있는 것입니다.

이와 같은 이원론은 선이 악을 쳐부수고 우등이 열등을 지배한다는 중심주의의 폭력성으로 드러나게 됩니다. 그리하여 마침내 중세의 십자군전쟁을 비롯한 온갖 침략전쟁을 합리화시키는 논리적 근거로 작용하여 왔다고 할 수 있겠습니다.

따라서 철학자 푸코는 서로 다른 의견을 억압하고 강자의 논리를 정당화하여 타자의 주장을 소외시키는 진리의 추구는 반드시 권력에 결부되어 있으므로 진리는 그 자체로 테러리즘의 한 형태라고 이야기한 바 있습니다.

레비나스도 동일자는 폭력적인 전체성이며 중심주의는 폭력적이고 전쟁을 야기시키는 전체주의의 한 형태라고 주장한 바 있습니다.

데리다 또한 그의 저서 『입장들(Positions)』에서 전통 서구철학이 하나의 중심을 세워 다른 입장들을 폭력적으로 억압하고 위계지우는 이원적 대립체계를 해체해야 한다고 명백히 밝히고 있습니다. 데리다의 텍스트이론을 보면 '직물 짜기'라는 낱말의 뜻이 내포하는 바대로 씨실과 날실이 끝없이 상호교차하여 짜여지는 직물처럼 텍스트 상에는 어떠한 위계질서도 자리할 수 없음을 보여 주고 있습니다.

주도 종도, 근원도 파생도, 우등도 열등도 없이 오직 상호얽힘의 관계로 존재하는 텍스트 세계는 중심주의가 필연적으로 내포하는 폭력적 위계질서를 해체하여 모든 것을 평등한 관계로 만들어 버리기 때문입니다.

이와 같은 텍스트이론을 따를 때 중심주의의 역사에 의해 억압되고 왜곡된 채 주변으로 밀려났던 타자의 역사가 비로소 다양한 각도에서 새롭게 부각되고 자리매김될 수 있다는 것입니다.

앞서 문화를 이야기함에 있어서 해체주의의 텍스트이론은 불교의 연기설로 훌륭하게 설명될 수 있었습니다. 그렇다면 인류의 역사에 있어서 폭력과 평등의 문제도 연기의 법칙으로 충분히 해석되어질 수 있지 않겠습니까?

각묵 스님　　그렇습니다. 최근 미국의 이라크 침공을 비롯해서 세상에 존재하는 모든 분쟁들은 이를테면, 종교전쟁, 이념분쟁, 인종싸움, 권력과 이권다툼 등 모든 크고 작은 분쟁과 다툼의 근원은 근본적으로 나와 남을 가르는 데서 비롯된다고 봅니다. 그러나 불교에서는 '나'라는 실체는 없는 것이기 때문에 나와 남의 구별조차 없어집니다. 세상의 모든 존재는 철저하게 연기의 법칙으로 존재하니까요.

연기의 법칙이란 한마디로 세상 모든 존재가 차별 없이 상호간에 얽힌 관계로 존재하고 함께 흘러간다는 것이 아니겠습니까? 그 안에서 나와 남을 구별한다는 것 자체가 불가능한 일이지요. 해체주의의 텍스트이론이 중심사상의 폭력성을 해체하고 평등한 관계를 드러내는 것이라면 불교의 연기설 또한 평등을 이야기한다고 할 수 있습니다. 화엄사상의 법계연기는 바로 절대평등을 그 기반으로 하고 있습니다.

연기의 제법은 상호간에 대립하지 않고 서로 융합하여 밀접한 관계로 작용한다는 상즉상입(相卽相入)의 원리입니다. 이 제법의 원리에 따를 때 세상은 인종, 성별, 국가, 민족 등에서 나타날 수 있는 모든 차별을 지우고 인류는 주와 종의 관계를 떠나 절대평등의 세계로 나아갈 수 있다는 것입니다. 또한 이 제법의 원리는 인간 세계에 국한되는 것이 아니라 인간과 자연, 나아가 모든 생명은 차별 없이 평등하다는 일체 평등의 세계를 실현하게 되는 것이지요.

연기의 법칙 아래 일체의 차별은 없어지고 나와 남은 구분되어 따로 존재하지 않습니다. 이렇게 나와 남이 별개의 존재가 아니라는 것을 알 때, 비로소 모든 것을 나처럼 소중히 여기게 되고 진정으로 나 이외의 모든 것을 나처럼 아끼게 되는 것입니다. 인류의 평등과 평화의 실현은 바로 이러한 연기의 법칙을 깨닫는 데서 시작된다고 할 수 있습니다. 그것만이 평등한 세상을 향해 내딛는 진정한 첫걸음이 될 수 있습니다.

# 카라호토 _ 사라져 가는 모든 것에 경의를 표한다

'지금'은 이미 지나가고 없는 것과 아직 오지 않은 것을 동시
에 포함하는 것으로……. ─자크 데리다

문득 하얀 노인 한 분이 앞자리에 다가와 앉았다. 유난히 흰 얼굴, 순백
의 머리카락과 수염에 나는 잠시 눈이 부셨다. 적어도 팔십은 족히 넘었으
리라. 여윈 체구에 굽은 어깨, 비록 남루하긴 했으나 양복과 넥타이로 깍듯
이 의관정제를 한 노인의 온몸에선 알 수 없는 기품이 흐르고 있었다. 떨리
는 손끝으로 천천히 겉옷을 벗어내리는 노인의 손목에서 금장의 구식 손목
시계가 고풍스럽게 빛났다.

'이 품위 있는 노인은 혹 은퇴한 노학자는 아니었을까?'

낡은 가죽 가방에서 한권 한권 꺼내 놓은, 역시 낡고 색 바랜 책들은 놀랍게도 각국 언어로 쓰인 원서들이었다.

호기심이 바짝 동한 나는 노인의 일거수일투족을 예의 관찰하기 시작했다. 노인이 꺼내 놓은 물건들은 책 이외에도 각종 사전류, 손때 묻은 두툼한 노트 한 권과 요즘은 거의 사용하지 않는 잉크병에 펜대까지 섞여 있었다. 이 모든 것들을 책상 위에 가지런히 정렬해 놓은 뒤, 노인은 그 중 한 권의 책을 펼쳐 놓고 읽기 시작했다.

그런데 노인은 그저 책을 눈으로 읽는 것이 아니라 수시로 무언가 책 귀퉁이에 적어 넣기도 하고 사전을 뒤적거리는가 하면 노트를 열어 이리저리 무언가를 찾아내고 또는 써 넣고 하는 것이었다. 창문으로 비껴드는 저녁 햇살에 짙은 음영을 드리운 노인의 얼굴은 진지하다 못해 성스러운 분위기마저 감도는 듯했다. 유심히 살펴보니 노인이 읽고 있는 책장의 여백에는 이미 언제 적어 놓은 것인지 모를 색 바랜 글씨들이 빼곡히 들어차 있었다.

도대체 내일이라도 당장 별세할 것만 같은 이 노인네의 무엇이 이토록 죽는 그 날까지 책을 보게 만드는 것일까? 노인을 향한 나의 호기심은 드디어 극에 달했다. 마침 사용하고 있던 노트의 한 페이지 가득 커다란 글씨로 이렇게 적어 노인의 앞으로 들이밀었다.

'할아버지 진지 잡수셨어요?'

말하자면 '수작'을 걸어보는 것이었다. 그러자 노인은 작지만 또렷한 어조로 "먹었습니다" 한마디 하고는 곧 읽고 있던 책 위로 시선을 거두어 갔다. 그 눈동자가 또한 고요하면서도 그지없이 맑아 바라보는 내 가슴이 사뭇 설레기까지 하는 것이었다. 사춘기 시절 홀로 마음에 두고 있던 소년이 앞자리에 다가와 앉았을 때처럼 뿌듯한 행복감이 가슴 가득 밀려들었다.

그런데 이번에는 노인이 그토록 진지하게 읽고 있는 책의 내용이 궁금해서 견딜 수가 없었다. 하지만 노인이 펼쳐 놓은 책은 어느 나라 말인지 도무지 종잡을 수 없는 낯선 언어들로 가득 차 있었다. 어찌 보면 나로서는 난생 처음 대하는 글자 같기도 했다.

도대체 어느 나라 말인가 싶어 목을 길게 빼고 이리저리 살피는데 뜻밖에도 낯익은 단어 하나가 불쑥 눈에 들어왔다.

karakhoto…… 카. 라. 호. 토…….

아! 카라호토.

그렇다. 전설의 성 카라호토. 천년 전 사막 속에 나타났다가 수수께끼를 간직한 채 사막 속으로 사라져 간 서하왕국의 옛 성.

카라호토의 전설은 이렇게 시작되었다.

11세기 하서회랑에서 북쪽 고비사막에 걸쳐 서하(西夏)라는 나라가 있었다. 서하왕국을 세운 것은 탕구트라 불리는 티벳계의 유목민족이었다. 당나라 초기에 같은 티벳계인 토번족의 압박을 피해 이동한 탕구트족은 중국의 감숙, 섬서 두 성의 북부에서 지금의 내몽골 지역인 오르도스에 이르는 제법 넓은 땅을 차지하고 점차 세력을 키워갔다.

그 후 당 말기부터 오대(五代)에 걸친 혼란기를 틈타 변경의 소왕국으로 입지를 굳힌 탕구트족은 중국에 송(宋) 왕조가 들어서자 일시 예속되었다가 1038년 독립을 선언하여 스스로 대하(大夏)라 칭하게 된다. 이를 송나라 사람들이 자신들의 서쪽에 있다고 하여 서하(西夏)라 부르게 되었던 것이다.

서하는 당시 하서회랑을 지배하고 있던 위그르족을 물리치고 하서회랑과 돈황 일대를 차지함으로써 실크로드의 무역로를 장악하게 되었다. 그로 인해 막대한 경제적 이득을 취하는 한편 동서문화의 영향을 고루 받아들여 티벳의 밀교, 중국의 유교, 서방의 회교가 혼연일체된 독특하면서도 수준 높은 그들만의 문화를 꽃피워 나갈 수 있게 되었다. 한자에서 따왔다는 '서하문자'를 만들어 사용했다는 사실만으로도 그들의 문화수준이 어떠했는가는 짐작하고도 남음이 있다.

그러나 정착민의 제도와 문화를 수용하고 그로 인해 부와 안정을 누리게 되면서 한편으로 유목민 본래의 속성은 차츰 잃어가기 시작했다. 1227년 서하는 강력한 힘을 가진 또다른 유목민족 징기스칸의 몽골군에 의해 멸망당하고 만다. 이미 가축처럼 길들여진 탕구트족은 야수 같은 몽골족의 대군을 도저히 당해낼 수 없었던 것이다. 정착하기가 무섭게 멸망의 길로 치닫는 유목민의 속성…… 훗날 몽골족 또한 같은 운명의 길을 걷게 된다.

성을 쌓고 사는 자는 반드시 멸망할 것이며 끝없이 이동하는 자만이 살아남으리라. ─ 돌궐 장수 톤유쿡

서하의 도성들을 쑥밭으로 만들어 버린 징기스칸의 말발굽이 마침내 카라호토를 향해 내달리기 시작했다. 고비사막의 은회색 사토(沙土)로 빚어져 보석처럼 빛나는 아름다운 성 카라호토, 한때 실크로드의 거역점으로 부와 번영을 한 몸에 누렸던 카라호토 성에는 동서양의 온갖 진귀한 재보들이 가득 차 있었다고 한다.

당시 카라호토의 성주였던 천하무적의 장수 '흑장군 바티르'는 징기스

칸의 군대를 맞아 3차례에 걸친 격렬한 전투를 벌였다. 하지만 수적으로 형편없는 열세에 놓여 있던 바티르의 군대는 징기스칸의 대군에 빈번히 패배하였다. 남은 병사들을 이끌고 성으로 돌아온 바티르는 성문을 굳게 걸어 잠그고 성을 포위한 몽골군에 거세게 대항하였다. 심지어는 성 안의 커다란 맷돌을 깨뜨려 성벽을 타고 오르는 몽골군을 향해 퍼붓기까지 하였다고 한다.

난공불락의 성을 도저히 함락시킬 수 없었던 징기스칸은 한 가지 꾀를 내어 성을 싸고 흐르는 강물을 막아 버렸다. 물길이 막힌 강줄기는 곧 방향을 틀어 성으로부터 먼 곳으로 흘러가 버리고 말았다. 강물이 말라버리자 바티르는 성 안에 우물을 파기 시작했다. 그러나 20m가 넘게 파내려 갔는데도 물은 단 한 방울도 나오지 않았다.

최후를 예감한 바티르는 성 안의 보물들을 남김없이 빈 우물 속에 던져넣었다. 그리고는 처자식을 모두 죽인 뒤 남은 군사들을 이끌고 최후의 결전을 위해 성 밖으로 진군했다. 그러나 필사의 항전은 그리 오래가지 못했다. 마침내 흑장군 바티르가 무어라 저주의 말을 내뱉으며 쓰러졌다. 채 감기지 못한 그의 눈동자에서 아름다운 카라호토의 성이 불타오르고 있었다.

'가퐁가퐁가퐁가퐁……'

탕구트족의 한 노인이 마두금을 켜며 그 때의 전설을 노래 부른다.


카라호토여, 카라호토여! 전설의 성이여.

징기스칸은 성 안의 보물을 끝내 찾을 수 없었다네.

그들이 발견한 것은 초록색 비늘을 번득이는 커다란 뱀 한 마리 그것은 저주를 품은 흑장군의 원혼이라네.
카라호토여, 카라호토여! 아, 전설의 성이여!
그 후로는 아무도 성 안에서 살 수 없었다네.
그 후로는 아무도 성 안으로 들어갈 수 없었다네.

그렇게 전설의 성 카라호토는 땅 속 깊숙이 보물을 간직한 채 천년의 모래 바람 속에 묻혀갔다.

앞자리의 노인이 갑자기 자신의 팔에 얼굴을 묻고 엎드려 버렸다. 몹시 힘겨워 하는 모습이었다. 잠시 후 천천히 고개를 드는데 그 안색에 피로의 빛이 역력했다. 아무래도 무리가 온 듯싶었다. 노인은 가까스로 자리에서 일어나는가 싶더니 주섬주섬 가져온 물건들을 가방 속에 챙겨 넣었다. 멍하니 그 모습을 지켜보던 나는 갑자기 초조해지기 시작했다.

지난날 앞자리의 소년이 불쑥 자리를 떠났을 때의 심정이 그러했을까. 이루 표현할 수 없이 허전한 감정이 가슴 속을 훑고 지나갔다. 이윽고 노인이 열람실 문 밖으로 사라지자 나도 모르게 그만 자리를 박차고 일어서 버렸다.

'머뭇거리지 말라! 지난날의 망설임들은 얼마나 많은 소중한 순간들을 우리에게서 앗아 갔던가.'

나는 노인이 빠져 나간 열람실 문을 활짝 밀어 젖히고 밖을 향해 달려 나갔다.

서쪽 연못가 벤치 위에 노인이 홀로 앉아 있었다. 산마루에 걸린 석양빛에 노인의 그림자가 길게 늘어져 연못 속으로 빠져들었다. 노인의 시선은 수면 위에서 춤추는 자신의 그림자 위에 머물러 떠날 줄을 몰랐다. 나는 아무 말 없이 노인의 곁으로 다가가 앉았다. 그렇게 예정된 시간, 예정된 장소에 노인과 내가 앉아 있었다. 이 순간을 위해, 오직 이 순간이 오기 위해 얼마나 많은 순간들이 소리 없이 죽어갔던가. 하지만 '지금 이 순간' 역시 끊임없이 과거 속으로 미끄러지며 죽어가고 있다.

보라, 노인은 벌써 떠나갈 차비를 하고 있지 않은가!

자, 이 순간 나는 무엇을 할 수 있는가? 도대체 무엇으로 이 순간을 건져 올릴 수 있단 말인가.

어느덧 나는 노인의 여위고 주름진 두 뺨을 감싸쥔 채 내 얼굴을 향해 돌려놓고 있었다. 그리고는 주저 없이 노인의 마른 입술에 내 입술을 포개고 그 성긴 이빨 사이로 혀를 밀어 넣었다. 당황한 노인의 혀가 미세하게 떨리는 것이 느껴졌다. 나는 그 떨림을 좀더 분명하게 느끼고 싶어 고개를 외로 틀며 더욱 깊숙이 혀를 들이밀었다. 순간, 송장처럼 미동도 않던 노인이 지그시 뒷목에 힘을 주었다. 분명한 거부의 표시였다.

나는 마술에서 풀려나듯 노인의 얼굴에서 떨어져 나왔다. 그리고는 재빨리 노인의 안색을 살폈다. 노인의 표정은 변화를 거의 읽을 수 없을 정도로 담담했으나 입술만은 무슨 말인가 하려는 듯 두어 번 움찔거렸다. 그러나 노인은 끝내 아무 말 없이 자리에서 일어나서는 정문을 향해 천천히 걸음을 옮겨 놓기 시작했다. 막 산마루를 넘어가던 석양의 마지막 빛줄기가 노인의 하얀 머리 위에서 조용히 숨을 거두었다.

카라호토여 카라호토여 아! 그대 전설의 성이여······.

노인이 사라진 뜰 안으로 어둠이 밀려들기 시작했다. 그 어둠을 타고 다시 천년의 고독이 맹렬하게 파도쳐 왔다. 엄습해 오는 두려움에 나는 어쩔 줄을 모르고 서 있었다. 그대로 숨이 멎어버릴 것만 같았다.

묻지 마시라!

제발 아무것도 묻지 마시라!

그 어떤 물음에 대한 답도 나에게는 준비되어 있지 않기에······.

그러나 나는 안다. 그 숨막히는 고독의 맛을······. 하여, 울트라마린으로 물든 하늘을 벅차게 한 번 올려다보고는 이미 땅거미가 짙게 깔린 도서관 앞뜰을 허겁지겁 가로질러 건물 안으로 들어섰다. 갑자기 눈물이 핑 돌았다. 그러나 나는 알지 못한다, 그 눈물의 의미를······.

과학놀이

# 제3장
# 과학놀이

# 1.

## 만남 : 현대 물리학과 동양사상과 차연

데리다가 형이상학의 존재론을 해체하기 훨씬 전, 금세기 초엽부터 과학은 이미 그 합리성과 인과율의 신빙성을 서서히 잃어 가고 있었다. 근대 계몽주의 세계는 철저하게 데카르트의 합리주의와 뉴턴 역학의 법칙으로 돌아가는 사회였다.

> 나는 생각한다, 고로 존재한다(I think, therefore I am).　— 데카르트

이렇게 '존재자의 옥좌'는 이성(理性)의 차지가 되었고 가공(可恐)할 이성의 힘은 신의 옥좌 위에 올려졌다. 이제 더 이상 인간의 힘으로 안 되는 일은 없는 듯했다. 19세기 초에 이르러 급기야 지식의 힘으로 우주 안에서 일어날 모든 일을 예언할 수 있다는 '우주 결정론'을 주장하기에 이른다.

어떤 주어진 순간에 자연에서 작용하고 있는 모든 힘과 세계를
구성하는 모든 것들의 위치를 알고 있는 지성이 이러한 자료를 분
석할 수 있을 만큼 아주 풍부하면, 가장 거대한 것들과 가장 미세
한 원자들의 운동을 똑같은 공식으로 파악할 수 있을 것이다. 그
러면 미래도 과거와 같이 확실히 눈앞에 보일 것이다.

— 라플라스(Laplace)

그러나 원자들의 운동을 일정한 것으로 보아 공식화할 수 있다고 확신한
라플라스의 신념은 20세기에 들어서면서 여지없이 무너지게 된다.

1900년 막스 플랑크(Max Plank)는 양자가설(量子假說)을 통해 에너지가
연속성을 가지고 있다는 종래의 학설을 부정하고 빛이나 X광선과 같은 전
자파는 양자(量子, quantum)라 불리는 '에너지의 덩어리'로 방출되므로 불
연속성을 가진다는 획기적인 이론을 세워 종래에는 파동적 측면으로만 해
석되었던 빛의 에너지에 입자적 측면이 공존하고 있음을 주장하였다.

1905년 아인슈타인(Albert Einstein)은 이와 같은 양자가설을 고체의 비열
(比熱) 및 광전효과(光電效果)에 적용, 해석함으로써 양자의 입자적 측면과 파
동적 측면을 이론적으로 훌륭하게 입증하였다. 얼핏 듣기에도 엄청난 모순
으로 여겨지는 양자가설은 드 브로이(De Broglie)에 의해 물질파(物質波)라는
더욱 불가사의한 가설로 발전하게 된다. 브로이에 의하면 빛이 파동성과 입
자성을 동시에 가진다면 물질 입자에도 파동성이 수반되리라는 것이었다.

결국 자연계의 모든 물질은 입자성과 파동성이라는 상호모순되는 이중
적 성격이 공존한다는 것을 받아들이고 이 모순율을 적용해 관측 가능한

양자만으로 수학적 이론체계를 구성한 것이 바로 '양자역학'이다. 따라서 양자역학에서는 입자들이 동시에 관측 가능한 위치와 속도를 가지는 것이 아니라 위치와 속도가 결합된 양자상태를 가지게 되며 이와 같이 확률적으로 계산된 양자상태는 미래의 상태 또한 확정된 상태가 아닌 확률의 상태로 알려준다. 이로써 고전과학의 기계론적 세계관으로는 상상조차 할 수 없었던 예측 불허의 운동과 그에 따른 우연과 확률의 법칙이 현대과학 안에서 '존재하려는 경향'으로 엄연히 존재하게 되었다.

이쯤 되면 서양의 과학자들도 동양의 전통사상에 한번쯤 눈길을 줄 법도 하다. 물리학자 오펜하이머(R. Oppenheimer)는 원자 물리학의 발견들이 본질적으로 생소한 것이 아니며 문화사에서, 특히 힌두교나 불교사상 속에서 이미 중심적 위치를 차지하고 있던 것들로, 현대과학은 이러한 옛 지혜의 예증이나 장려로서 갈고 다듬어 나가야 한다고 말한 바 있다. 상보성 원리의 창시자 닐스 보어(N. Bohr)는 원자론의 가르침에 대응하기 위해서는 부처나 노자가 일찍이 부딪혔던 인식론적 문제로 되돌아가야 한다고 언급한 바 있다. 그 중 하이젠베르크(W. Heisenberg)의 영향을 받은 프리초프 카프라(F. Capra)는 마침내 동양사상과 현대 물리학을 접목시켜 '신과학 이론'이라는 대화합 이론을 만들어 내기에 이른다.

무형(無形)의 도(道)와 유형(有形)의 천지(天地)는 그 근본에서 같은 것이라는 노자의 사상이나, '색즉공 공즉색(色卽空空卽色 : 반야심경), 일즉다 다즉일(一卽多多卽一 : 화엄경)'의 불교사상, 브라만(궁극적 실재)의 다양한 육화(肉化)를 통한 무소부재(無所不在)의 존재론을 내세우는 힌두교사상 등이 모두 현대과학과 일맥상통하는 부분을 가지고 있다는 것이다.

힘과 물질, 입자와 파동, 운동과 정지, 존재와 비존재……. 이것들이 현대 물리학에서는 초월된 대립 개념이거나 혹은 모순 개념들 중의 일부이다. 이들 중 존재와 비존재의 개념이 가장 근원적인 것으로 원자 물리학에 있어서도 역시 이 개념까지 초월하지 않으면 안 된다. 이는 양자론 가운데서도 가장 받아들이기 어려운 대목이며, 그래서 그 해석의 문제를 둘러싼 논의는 여전히 계속되고 있는 것이다. 또한 이 '존재와 비존재'의 개념을 초월하는 것은 원자 물리학뿐만 아니라 동양의 신비주의에 있어서 가장 곤혹스러운 난제(難題) 중의 하나로 늘 역설(力說)되어지고 있는 중요한 문제이기도 하다.

그리하여 아슈바고샤(Ashvaghosha/馬鳴)는 다음과 같이 말하고 있다.

그것〔Suchness/眞如〕은 존재하는 것도 아니며, 존재하지 않는 것도 아니며, 존재와 비존재가 동시에 존재하는 것도 아니며, 존재와 비존재가 동시에 존재하지 않는 것도 아니다.

이는 존재론 자체를 포기해 버릴 수밖에 없는 차연의 원리와 다르지 않다. 놀랍게도 현대과학과 동양사상이 합류하는 지점에서 우리는 차연의 원리를 만나게 되는 것이다.

차연은 존재하지 않으면서 존재하지 않는 모든 것을 마치 존재하는 양 나타낸다. 차연은 존재하거나 부재하는 모든 존재자의 어떠한 범주에도 속하지 않으며…… 존재의 범주를 넘어서 존재론 자체를 초월한다.

이렇게 존재론 자체를 무효화시킨 차연은 텍스트 세계를 통한 새로운 존재 해석의 장을 열어가게 된다.

양자역학에서 소립자 세계의 예측 불가능한 움직임이 관측자의 참여를 측정의 변수로 받아들이게 되고 상대성 원리에서의 시간과 공간이 가지는 절대성의 붕괴는 관측자에 따라 달라지는 상대적 시공간의 개념으로 바뀌어 갔듯이 존재의 불확정성이 낳은 상호텍스트의 세계야 말로 기존 형이상학의 존재론을 뒤엎는 새로운 존재 해석의 장이 되는 것이다.

마치 구두끈을 매듯이 서로가 서로에게 엮여 들어가 주도 종도, 근원도 파생도 없는 상호관계만이 존재하는 그런 텍스트의 세계에는 일점 근원의 신화도 궁극적 실재의 뿌리도 더 이상 존재의 근원이 될 수 없다.

'저자가 동시에 독자가 되는 그런 주고받음의 세계에서 불확정성은 곧 텍스트가 끝없는 놀이임을 알린다.'

이렇게 해서 부서져 내린 오랜 '존재의 무거움'은 '존재의 가벼움', '놀이'로 희화(戲化)하는 것이다.

# 2.

## 드러난 세계 감춰진 세계 ⑴ : 고전역학과 양자역학

우리가 오관으로 경험할 수 있는 거시(巨視)의 세계를 관측하고자 할 때 우리는 의심할 여지없이 명백한 결과를 얻어낼 수 있다. 그것은 관측 전과 관측 후에 보이는 관측 대상의 상태에 변함이 없기 때문이다. 즉 관측자가 바라보는 세상은 관측자와는 무관한 객관의 세계이고 따라서 어느 관측자가 측정을 하건 간에 일정한 정보를 얻게 된다는 것이다. 마치 눈앞에 서 있는 건물이 내가 관측을 하건 안하건, 그리고 나 아닌 어느 누가 관측을 하건 간에 그 실체에는 변함이 없는 것처럼……

이와 같이 거시의 세계에 대한 관측을 토대로 법칙을 세운 뉴턴의 고전역학은 인간에게 지극히 명료한 세계를 선사하였으므로 '신의 법칙'이라는 찬사를 듣기에 충분했다. 그러나 원자보다 작은 미시(微視)의 세계로 들어가면 이야기는 달라진다. 그 세계 안에서 인간은 더 이상 완벽하게 세계를 측정해낼 수 없다. 왜냐하면 미시세계의 모든 물질에는 입자성과 파동성이라는 상호모순된 성격이 공존하고 있기 때문이다.

20세기 들어서면서 관측기구의 발달에 힘입어 과학자들은 자연계의 기본 성질이 입자와 파동의 이중성을 가진다는 사실을 속속 밝혀내기 시작했다. 광선은 파동의 성질인 간섭현상을 보이면서도 금속 표면에서는 입자처럼 튕겨나가는가 하면 전자들은 입자적 성질을 가지고 있음에도 불구하고 동시에 파동처럼 회절현상을 보이기도 한다는 사실들을 발견해 내었던 것이다.

하이젠베르크는 전자와 같은 미립자를 현미경으로 관측하는 과정에서 빛이 가지는 입자와 파동의 이중성이 관측 대상의 위치와 속도를 동시에 정확히 측정할 수 없게 만든다는 것을 발견하게 되었다. 이것이 바로 유명한 '불확정성의 원리'이다. 이에 대해서 좀더 자세히 언급해 보기로 하겠다.

관찰자가 현미경을 통해서 대상을 관측하는 메카니즘은 빛이 대상에 부딪힌 후 다시 현미경의 렌즈를 통해 관찰자의 눈에 들어옴으로써 관측 가능하다. 그런데 만약 빛이 호이겐스의 파동설처럼 입자성이 없고 단지 파동으로만 이루어진 것이라면 빛 자체에 운동량이 없으므로(운동량은 속도에 질량을 곱한 값이므로 질량을 갖는 입자에만 있다.) 관측 대상인 전자에 부딪혀 충격을 줄 일도 없게 되어 고스란히 관측 정보를 관찰자의 눈에 전달할 수 있을 것이다.

그러나 프랑크의 양자가설 이래로 드러난 빛의 입자와 파동의 이중성은 그러한 관측이 불가능함을 입증해 주고 있다. 전자의 위치를 관측하기 위해서 빛을 전자에 쪼이면 빛의 입자성은 운동량을 가지므로 전자에 부딪혀 그 충격으로 전자의 운동량이 변화되고 만다. 즉 빛의 입자가 전자의 입자

와 충돌하여 전자의 속도에 변화를 준다는 것이다.

　빛은 짧은 파장일수록 대상의 위치를 정밀하게 측정할 수 있으나 파장이 짧을수록 그 만큼 빛의 운동량도 커지므로 자연히 관측대상인 전자가 받는 충격도 커져서 전자의 속도 변화는 더욱 커지게 된다. 그렇다고 해서 에너지가 적은 긴 파장의 빛을 쪼이면 빛의 운동량이 적어서 속도는 정밀하게 측정할 수 있으나 반대로 전자의 위치를 정밀하게 관측할 수 없게 된다. (긴 파장은 파고의 사이가 넓으므로 전자의 위치가 그 사이의 어디에 있는지를 정확히 잡기 어렵다.) 즉 관측대상의 위치와 속도를 동시에 정확히 측정할 수 없다는 것이다.

　미래의 상태를 정확히 예측하기 위한 필요조건은 입자의 위치와 속도를 정확히 아는 것이다. 그러나 불확정성의 원리에 따를 때 위에서 언급한 바와 같이 현재의 상태를 정확히 측정할 수 없으므로 결과적으로 미래의 상

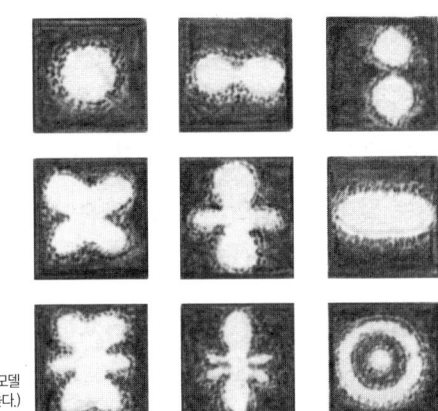

확률모형의 가시적 모델
(밝은 부분에서 전자가 발견될 확률이 높다.)

태 또한 정확히 예측할 수 없게 된다.

자, 이 엄청난 딜레마에 빠진 현대과학이 강구해 낸 방법은 어떤 것이었을까? 여기에 적용시킨 원리가 바로 유명한 '오캄의 면도날(Occam's razor)'이다. 이 원리는 한마디로 '최소의 가정을 포함한 가설이 최상의 가설'이라는 뜻으로, 관측 불가능한 부분들을 면도날로 베어내듯 속 시원히 제거해 버린다는 편리한 사고의 경제 논리로 적용되고 있다고 하겠다.

따라서 양자역학에서는 입자들이 동시에 관측 가능한 위치와 속도를 가지는 것이 아니라 위치와 속도가 결합된 양자상태를 띠게 되며 이와 같이 확률적으로 계산된 양자상태는 미래의 상태 또한 확정된 상태가 아닌 확률의 상태로 알려준다. 아인슈타인은 '신은 주사위 놀이를 하지 않는다'라는 말로써 그 사실을 극구 부인하려 애썼다지만 이제 고전과학의 기계론적 세계관으로는 상상조차 할 수 없었던 예측불허의 운동과 그에 따른 우연과 확률의 법칙이 현대과학 안에서 엄연한 존재로 자리잡게 되었다.

이로써 확실한 결정론적 인과율이 지배하는 세계 이면에 그 세계를 지배하는 우연과 확률의 세계가 자리하고 있다는 것을 알 수 있다. 그야말로 우리는 절대로 양립할 수 없는 모순이 버젓이 공존하는, 참으로 기이한 세계 속에 살아가고 있는 것이다.

그런 일이 어떻게 가능할 수 있을까? 답은 '그냥 가능하다'이다. 말할 수 없는 것에 대해서는 침묵할 따름이다. 나는 여전히 뉴턴역학의 공식으로 설계된 세계 안에 살아가면서 때때로 그 드러난 세계 속에 감추어진 또다른 세계의 내밀한 속삭임을 엿듣는다. 그럴 때는 왠지 역으로 이런 생각이 떠오르기도 하는 것이다. 이제는 거의 퇴물이 되어 벽장 속에 뽀얀 먼지를 쓰고 누워 있는 칸트의 시간과 공간이 어떤 면에서는 여전히 유효한 것인지도 모른다는…….

모든 상반된 것이 공존하는 세계…… 차연!

# 3.

## 드러난 세계 감춰진 세계 (2) : 만유인력과 일반 상대성이론

 뉴턴의 만유인력(중력)은 서로 떨어져 있는 물체 간의 운동을 원격작용으로 설명하고 있다. 원격작용이란 아무것도 없는 텅 빈 공간(진공) 속을 아무런 매개물 없이 작용하는 것으로 원격작용에 의한 힘은 즉각적으로 다른 물체에 전달된다는 것이다.

 그러나 아인슈타인의 특수 상대성이론에 의하면 이 세상에 빛보다 빨리 달릴 수 있는 것은 없으므로 중력 또한 멀리 떨어져 있는 물체에 순간적으로 영향을 미칠 수 없다. 예를 들어 어느 순간 우주에서 태양이 사라지는 사건이 발생한다면 뉴턴의 만유인력의 법칙에 의할 때, 지구는 그 즉시 변화를 느껴야 하겠지만 실상 지구가 태양으로부터 받는 중력의 변화는 최소한 8분이 지난 후에야 가능하게 된다. (태양에서 지구까지의 거리는 광속 약 8분이므로) 따라서 뉴턴의 이론은 수정되어야만 했다.

 아인슈타인은 이처럼 특수 상대성이론에 어긋나지 않는 중력이론을 만들기 위해 노력한 결과 1915년 일반 상대성이론을 발표하게 된다. 일반 상대성이론에 의하면 태양이 지구에 중력을 미치는 것은 텅 빈 공간을 원격작용하는 것이 아니라 태양 주위의 시공간을 휘어지게 함으로써 가능하다는 것이다.

물체의 질량은 그것을 둘러싸고 있는 시공간을 휘어지게 하고 시공간의 휘어짐은 그 자체로 물체가 중력을 받는 것처럼 운동하게 한다. 그 이전까지(특수 상대성이론에서조차도) 시간과 공간은 물체의 움직임과는 무관한 별개의 영역으로 여겨져 왔었다. 그러나 일반 상대성이론에서 공간과 시간의 만곡은 물체의 움직임에 영향을 주는 한편 물체의 움직임으로 인해 시간과 공간 역시 영향을 받기도 하는 등 물체와 시공간은 뗄 수 없는 관계로 상호작용하는 동역학적 구조를 형성하게 되는 것이다. 이와 같이 시공간의 곡률과 물질의 분포와의 관계를 기술한 것이 바로 아인슈타인의 '중력장 방정식'이다.

우주 각 부분의 곡률은 물체의 질량 분포에 따라 형성되어 있으며 휘어진 공간 내에서 움직이는 물체는 휜 공간의 곡선을 따라서 가장 저항이 작은 길을 쫓아가게 되는데 이 길을 측지선(測地線 : geodesic)이라 한다. 행성이 태양 주위를 도는 이유도 바로 여기에서 찾아볼 수 있는 것이다.

지구로 떨어지는 유성의 경우, 지구가 직접 원격작용하여 유성을 잡아당기는 것이 아니라 지구의 질량이 지구 주위를 둘러싸고 있는 시공을 변형시켜(휘게 하여) 유성으로 하여금 시공의 함몰된 부분으로 빨려들어 떨어지게 한다고 설명해야 할 것이다. (과학서에서는 종종 탄력 있는 고무판 위에 쇠공을 놓아 움푹 파인 쇠공 주변의 공간으로 작은 구슬이 굴러 떨어지는 경우를 예로

일반 상대성이론에서의 중력의 원리

들기도 한다.)

오늘날 정설로 받아들여지고 있는 것은 아인슈타인의 일반 상대성이론이다. 그렇다면 뉴턴의 만유인력의 법칙은 폐기처분되고 마는 것일까? 절대로 그렇지 않다. 아인슈타인의 질량을 가진 물체가 시공간을 휘게 한다는 이론은 질량을 가진 물체가 힘을 방출한다는 뉴턴의 이론과 동일한 결과를 보여주고 있다. 뉴턴 이론과 일반 상대성이론으로 태양계를 도는 행성의 궤도를 계산한 결과가 거의 똑같다는 사실은 이를 증명해 주는 좋은 예라 하겠다. 단지 수성에서만 뉴턴의 이론이 미세한 오차를 보이는데, 이는 수성이 태양에서 가장 가까운 행성이므로 다른 행성들보다 태양 중력의 영향을 크게 받기 때문이다. 말하자면 일반 상대성이론은 블랙홀이나 빅뱅 시점 등 중력장이 아주 센 곳에서 매우 유용하며 태양계 안에서는 뉴턴 이론만으로도 충분할

만큼 그 오차가 미소하다는 것이다. 따라서 실용적인 면에서는 여전히 뉴턴의 이론이 적용되고 있는 실정이다. (일반 상대성이론은 뉴턴의 이론에 비해 훨씬 다루기 어렵다고 한다.)

우리는 고전역학과 양자역학의 관계를 논함에 있어서 서로 다른 두 세계가 버젓이 공존하는 세상에 살아가고 있음을 이야기한 바 있다.

미세한 소립자의 세계로부터 끝없이 광활한 우주공간까지 모든 서로 다른 것이 공존하는 세계…… 차연!

# 4.

## 시작도 끝도 없는 이야기 ⑴ : 시작 없는 시작

 

 

제가 지금부터 들려드릴 이야기는 우주에 관한 이야기입니다. 여러분은 우주에 시작과 끝이 있다고 생각하시나요? 아니면 시작도 끝도 없이 펼쳐진 무한의 세계라고 생각하시나요?

아니, 이런 건 어떨까요? 시작과 끝이 없되 유한한 우주.

얼핏 듣기에도 모순으로 여겨지는 이 우주론이 바로 스티븐 호킹(Stephen William Hawking)이 연구하는 '중력의 양자론(a quantum theory of gravity)'의 특성이라 할 수 있습니다. 제가 시작하려는 이야기는 바로 중력의 양자론에 관한 이야기입니다.

오늘날의 우주론은 아인슈타인의 일반 상대성이론과 양자역학을 기본축으로 하여 설명하고 있습니다. 일반 상대성이론은 중력과 더불어 상상할 수 없을 정도로 거대한 우주의 대역구조를 기술하고 있으며 반대로 양자역학은 역시 상상을 불허하는 지극히 작은 규모의 미시세계를 다루고 있다

하겠습니다. 그리고 중력의 양자론은 서로 상충하여 양립할 수 없는 이들 두 이론을 모두 포함하는 새로운 이론을 찾고자 합니다. 저는 그동안 해체주의 글쓰기를 통해 상반된 것의 공존을 이야기해 왔습니다. 이제 저는 해체주의가 가지는 그러한 특성을 중력의 양자론에서 찾아보고자 합니다.

우리는 호킹이 제안하는 중력의 양자론을 전적으로 받아들일 필요는 없습니다. 왜냐하면 중력의 양자론은 아직까지 가설에 불과하기 때문입니다. 그래도 현재로서는 비중 있는 가설들 중 하나라는 데 그 의의가 있다고 해야 할 것 입니다.

중력의 양자론은 상당히 난해하고 그런 만큼 매력적인 이론입니다. 매우 아름답고 환상적이며 매혹적이기까지 합니다. 마치 악마의 유혹처럼 말이지요. 제가 왜 이런 표현을 쓰는가 하면, 중력의 양자론에 의할 때 천지창조에 해당한다고 할 수 있을 '태초'의 순간이 부정되어 버리기 때문입니다. 그 이론대로라면 우주는 창조되지도 파괴되지도 않으며, 그러나 유한하고 그 자체로 충분한 우주가 된다는 것이지요. 한마디로 우주 안에서 신이 설 자리를 없애버리고 마는 것입니다.

실제로 호킹은 교황으로부터 '태초의 순간은 신의 영역이므로 캐려하지 말라'는 경고를 들었다고 합니다. 다행히도 중력의 양자론은 고난도의 수학적 설명이 요구되는 이론이어서 교황이 호킹의 연설을 이해하지 못하고 넘어가는 바람에 갈릴레오의 신세를 면할 수 있었다고 합니다. 그런데 호킹도 처음부터 태초를 부정하는 중력의 양자론을 들고 나온 것은 아니었습니다. 오히려 일반 상대성이론에서 태초라는 특이점이 불가피함을 증명해낸 사람이 바로 그였으니까요. 우주론에 관한 여러 가지 가설 중 현재 정설

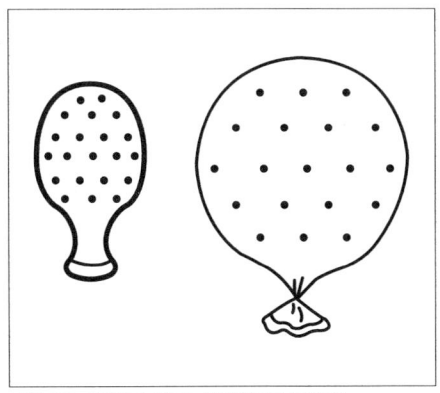

점들 사이는 팽창할수록 멀어지는 은하계의 거리를 나타낸다.

로 받아들여지고 있는 것은 '대폭발우주론(Big Bang Cosmology)'입니다.

미국의 천문학자 허블(Edwin Powell Hubble)이 은하들의 분포를 조사한 결과 한 가지 놀라운 사실을 발견하게 되었는데 그것은 모든 은하들이 아주 빠른 속도로 달아나고 있더라는 것이었습니다. 바로 우주가 팽창하고 있다는 증거였지요. 마치 고무풍선에 작은 점들을 찍어 놓고 입김을 불어 넣으면 풍선이 부풀어 오르면서 점들 간의 사이가 점점 멀어지는 것처럼 말이지요. 현재 우주의 팽창 속도를 감안할 때 대략 150억 년 전쯤의 어느 순간에 대폭발이 시작되었다는 결론을 얻어낼 수 있는데, 바로 이 태초의 순간을 수학적으로 엄밀하게 증명한 것이 스티븐 호킹과 수학자 로저 펜로즈(Roger Penrose)의 '특이점 정리(singularity theorem)'입니다.

이로써 우주가 태초라는 한 점에서 시작되었음이 피할 수 없는 사실로 입증되었던 것이지요. 우주는 무한히 압축된 한 점에서 시작하여 빠른 속도로 팽창하고 있다는 것입니다. 그 전까지 우주는 불변의 법칙이 지배하는 안정되고 고정적인 세계로 여겨져 왔습니다. 아인슈타인조차도 그래야 한다고 믿어서 일반 상대성이론에 우주상수를 도입하여 정적인 우주로 만들고자 하였으니까요. 그러나 허블의 발견 이후 아인슈타인은 자신의 실수를 인정하게 되었고 오히려 역동적인 일반 상대성이론은 더욱 진가를 인정받게 되었던 것이지요. 그렇다면 우리의 상상력은 우주에 시작이 있었다면 태초가 있기 전에는, 그러니까 우주가 탄생하기 이전에는 어떤 상태였을까에 대한 상상을 유도하려 할 것입니다.

그러나 때로는 인간의 상상력이 별반 도움이 안 되는 경우도 있는 것 같습니다. 바로 이러한 경우를 두고 하는 말인데 이유인즉, 태초 이전은 어떠한 형태로도 존재하지 않기 때문입니다. 우주의 모든 존재는 심지어 시간과 공간조차도 태초와 더불어 생겨났던 것이니까요. 시공조차 없었던 절대 무의 세계, 그런 세계를 좀처럼 상상할 수 없는 것은 인간이 지닌 상상력의 한계라고 해야 할 것입니다.

흡사 하얀 백지와도 같이 공허한 시공간이 기본적으로 바탕을 이루고 그 안에서 마치 그림을 그려가듯 온갖 물상들이 생겨났다는 발상은 인간이 오랫동안 젖어온 사고의 습관에 기인하는 것입니다. 이처럼 인간의 상상력이라는 것은 무한한 듯 보여도 실상 습관에 얽매여 있는 경우가 허다합니다. 특히 중력의 양자론을 이야기함에 있어서 앞으로도 여러 차례 습관적으로 피어오르는 상상력이 오히려 걸림돌이 되는 경우를 느끼게 될 것입니다.

그런데 바로 이 태초라는 특이점은 그 자체로 심각한 문제점을 안고 있음이 드러나게 됩니다. 현재 중력이론에서 정설로 받아들여지고 있는 것은 아인슈타인의 일반 상대성이론입니다만 중력을 힘이 아닌 구부러진 시공간의 곡률로 나타내는 그의 중력장이론은 태초라는 특이점에서 밀도와 중력이 무한대로 되고, 그에 따른 시공간의 곡률도 무한대로 커지기 때문에 일반 상대성이론 자체가 그 지점에서 깨져버리고 맙니다. 왜냐하면 물리학은 수학으로 설명되는 세계이고 수학은 무한대의 큰 수를 실제로 다룰 수 없기 때문이지요. 그러므로 아인슈타인의 중력장 방정식도 그 지점에는 적용되지 못하고 태초는 일반 상대성이론을 비롯한 어떠한 물리법칙으로도 설명할 수 없는 부분이 되어 버리고 맙니다. 따라서 그 부분의 설명을 위해서는 새로운 다른 이론의 필요성이 불가피해졌고 호킹은 동료 물리학자 짐 하틀과 함께 한 가지 대안으로 '무경계 아이디어(no boundary idea)'를 제시하게 됩니다.

무경계 아이디어는 우주는 그 자체로 유한하지만 경계가 없다는 이론으로, 이에 의하면 바로 그 골치 아픈 특이점이 사라지게 됩니다. 그리하여 시작도 끝도 없는 그러나 그 자체로 유한한 우주모형이 탄생하는 것이지요. 시작과 끝이 없다면 무한하다고 해야 말이 될 것인즉 어불성설의 발상이라 해야 할 것입니다만 바로 그 점이 또한 중력의 양자론이 가지는 매력이라 할 수 있겠습니다.

시작 없는 시작.

그렇습니다. 어쩌면 우리가 살아가고 있는 우주는 그렇게 시작되었고 우리의 만남 또한 그렇게 시작된 것인지도 모르겠습니다.

# 5.

## 시작도 끝도 없는 이야기 (2) : 접혀진 세상 속으로

태초의 순간은 우주가 너무나도 작고 무한히 뜨거운 한 점에서 시작되었으므로 일반 상대성이론으로는 다룰 수 없는 소립자의 상호작용에 대한 이해가 불가피한 세계라는 것이 밝혀지게 되었습니다. 따라서 오늘날 우주 연구는 거대한 규모의 세계로부터 미세한 소립자의 세계에 대한 연구로 옮겨가지 않을 수 없게 되었던 것이지요. 바야흐로 우주론에 있어서도 양자역학을 무시할 수 없는 시점에 이르게 된 것입니다.

양자역학의 기본을 이루고 있는 하이젠베르크의 불확정성 원리에 의하면 미시세계의 모든 입자들은 동시에 파동으로 존재하므로 전자들은 고정된 위치가 없고 확률 분포에 따라 퍼져 있게 됩니다. 이렇게 해서 원자핵은 전자가 그 주변 공간의 정확한 위치에 행성처럼 존재하는 고전적인 궤도를 가지고 있는 것이 아니라 확률의 구름에 싸여 있다는 것을 알 수 있습니다. 바로 이러한 속성을 가진 전자 입자가 핵 주변의 어디에 있을지를 알려주는 것이 슈뢰딩거의 '파동방정식'입니다. 따라서 슈뢰딩거의 방정식이 산출해 내는 파동함수는 확률함수로 핵 주변에서 전자를 찾을 수 있는 확률값을 알려줍니다. 이 때 원자핵 주위를 둘러싸고 있는 확률구름의 조밀한 곳에서 전자가 있을 확률이 가장 높으나 정확히 어느 지점에 있다고는 말할 수 없고 다만 그 확률을 말해줄 뿐이라는 것이지요.

양자 우주론의 기본 원리를 간단히 소개하자면 바로 이와 같은 슈뢰딩거의 방정식을 태초의 우주에 적용하는 것입니다. 그럴 때 우주는 양자화된 시공간을 제공하게 되는데 시공간이 양자화되면 하나의 매끈한 시공간이 아닌 비누거품처럼 온갖 모양의 시공간이 생겨날 확률을 가지게 된다는 것이지요.

이를 라이프니츠식으로 표현해 본다면 우주의 시초에는 탄생 가능한 다양한 형태의 우주모형들이 무수히 접혀 있었고, 그 양자거품 속에 접혀 있는 무수한 가능성의 세계들 중 하나가 펼쳐짐으로써 오늘날의 우주로 탄생되었다는 것입니다.

그렇다면 우리의 상상력은 다시 이런 의문을 제기하려 들지 않을까요? 그 많고 많은 가능한 세계들 중에서 우리 앞에 펼쳐진 세계는 하필이면 왜 이런 모습이어야 하느냐고요. 그 이유가 도대체 무엇이냐고요.

그에 대한 과학의 답변은 이렇습니다.

'만약 이런 모습이 아니었다면 우리는 여기에 존재하지도 않았을 것이다.'

바로 '인간 원리(anthropic principle)'라는 것입니다.

'우리가 현존하므로 있는 그대로의 모습을 본다.' 바꿔 말하면 '우리가 현재의 우주를 보는 까닭은 만약 현재의 우주와 달랐다면 우리는 여기에 존재할 수 없고 따라서 그런 관측도 할 수 없다'는 원리이지요.

오늘날 과학이 우리에게 해줄 수 있는 답변은 거기까지입니다. 왜? 왜? 하고 자꾸만 따져 묻지 마십시오. 답해줄 수 없는 과학은 또 얼마나 답답하겠습니까? 그 대신 이렇게 생각하기로 하면 어떨까요?

'우리의 우주는 무한히 주름 잡힌 세계의 층위들 중 하나이지만, 그렇지만 적어도 지금 이 세상에 살고 있는 우리에게는 가장 소중한 층위로 보아 깊이 사랑해야 한다고……'

이번에는 이렇게 묻고 싶으십니까? 왜 당신이냐고요? 그 많고 많은 사람들 중에서 왜 하필이면 당신이어야 하느냐고요? 그 물음이야말로 당신이기 때문에 가질 수 있는 의문이 아닐까요? 그 누구도 아닌 바로 당신이기 때문에……. 만약 당신이 아니었다면 그런 의문조차 품을 수 없었을 테니까요. 그렇습니다. 지금의 우주가 인류의 운명이라고 할 때 우리의 존재 또한 우리의 운명이라고 해야 할 것입니다.

이제 호킹이 어떻게 해서 태초와 종말이 없는 우주모형을 구상해 내었는가에 대해 알아보기로 하겠습니다. 여기서 우리는 중력의 양자론의 하이라이트라 할 수 있는 허수의 시간(imaginary time)을 만나게 될 것입니다.

아! 잠깐, 다음 장으로 넘어가기 전에 양자거품 속의 세상(우주가 아님)들을 살짝 엿보고 가기로 할까요? 그 곳에는 과연 어떤 세상들이 숨어 있을까요?

자, 함께 들어가 보도록 합시다. 접혀진 세상 속으로…….

금단의 열매를 먹지 않은 아담.

한치 낮았던 클레오파트라의 코.

동방원정을 꿈꾸지 않았던 알렉산더 대왕.

신대륙을 발견하지 못한 콜롬버스도 있군요.

오! 얄타회담의 부결과 분단되지 않은 조국.

이라크를 침공하지 않은 부시도 있네요.

그리고 이건…… 아! 프로스트의 '가지 않은 길'이 있군요.

그렇다면, 어쩌면 그 시절 못 다한 사랑 이야기가 '희미한 옛사랑의 그림자'로 접혀 있을지도 모르겠군요. 갑자기 가슴이 뛰기 시작하네요.

이제 그만! 이쯤에서 그만 나가기로 합시다.

다시 펼쳐진 세상 밖으로…….

# 6.

시작도 끝도 없는 이야기 (3) :

## 시간의 공간되기 – 허수의 시간

중력의 양자론은 태초에 우주가 고밀도, 고온 상태의 지극히 작은 한 점에서 출발했음을 전제로 하여 만들어진 이론입니다. 따라서 우주의 시초에는 양자역학이 매우 중요한 역할을 담당하게 되는 것이지요. 양자역학은 자연계를 구성하고 있는 모든 소립자들이 입자인 동시에 파동으로 존재하므로 그 위치와 운동량을 동시에 정확히 측정할 수 없다는 불확정성의 원리를 기본으로 하고 있습니다. 그러므로 미시세계의 모든 사건들은 인과론적으로 결정되지 않으며 불확정적이고 무질서한 요소를 포함하게 된다는 것이지요.

이에 아인슈타인은 '신은 주사위 놀이를 하지 않는다'고 하여 자연계의 무질서를 강력히 부인했습니다만 훗날 호킹은 '신은 상습 도박사이며 관측 때마다 주사위를 던져 본다'고 맞받아칩니다. 다소 시니컬하게 들리기도 하겠습니다만 현재로써는 호킹의 표현이 타당성 있다고 봐야겠지요.

신의 도박과도 같은 불확정성의 원리에 의한 '양자 요동'은 우주의 시초에 양자역학을 적용하는 중력의 양자론에 있어서 태초의 형성에 결정적인 영향을 끼치게 됩니다. 그것은 양자 요동의 결과 우주에 다양한 시공구조가 나타날 가능성을 갖게 된다는 것이지요. 호킹과 그의 동료 짐 하틀은 그 중 태초와 종말의 특이점이 없는 우주만을 선택함으로써 오늘날 관측 결과가 요구하는 제한조건을 만족시키고자 합니다.

이제 호킹이 어떻게 해서 태초와 종말이라는 특이점이 없는 '무경계 아이디어'를 고안해 내는가를 알아보도록 하겠습니다. 먼저 호킹은 중력의 양자론을 제시함에 있어서 양자역학을 설명하는 방법으로 리처드 파인만이 개발한 '경로적분(path integral)'이라는 아이디어를 취하게 됩니다. 경로적분은 양자역학에서의 입자의 움직임을 입자가 지나가는 길〔경로(經路)〕로 나타내고 있습니다. 그리하여 공간을 가르는 입자의 궤적을 정확하게 정의할 수 없다는 사실에 기초를 두어 양자역학이 내포하는 불확정성의 개념을 수학적으로 잘 설명해 주고 있습니다.

고전 물리이론에서는 전자가 마치 행성처럼 원자핵 주변의 정해진 궤도를 따라 돌고 있다고 보았듯이 입자의 경로가 오직 하나일 뿐이라고 보았다면, 양자역학에서는 전자의 위치가 원자핵 주변에 확률의 구름으로 퍼져서 존재한다고 보기 때문에 전자는 여기에 존재하면서 동시에 다른 곳에도 존재할 수 있습니다.

이와 같은 양자역학의 원리를 파인만은 전자가 두 지점 사이를 이어주는 단 하나의 경로를 따라 움직이는 것이 아니라 모든 가능한 경로들을 동시에 지나가는 것으로 풀이했던 것이지요. 이 때 전자가 핵 주변 공간의 어느 한 지점을 지나갈 확률은 그 지점을 지나는 모든 가능한 경로에 대응하는 파동을 모두 합하여 얻어질 수 있습니다. 이것이 바로 파인만의 경로적분(經路積分) 또는 경로합(經路合)의 개념입니다.

호킹이 양자론으로 파인만의 경로합을 택하게 된 이유는 우주의 시초 조건에 따라 이에 해당하는 구부러진 시공간이 무수히 많다고 보는 아인슈타인의 중력장이론(일반 상대성이론)에 적용하기에 가장 적합한 이론이라고 생각했기 때문입니다.

그런데 문제는 보통의 일상 시간에서 이와 같은 경로합을 구하는 데는 기술적으로 여러 가지 난관이 따른다는 것입니다. 왜냐하면 수많은 경로가 합해질 때마다 총합의 진동이 커져서 확정된 값을 얻어낼 수 없기 때문이지요. 이러한 난관을 극복하기 위해서, 호킹의 표현대로라면 난관을 '회피하는' 방법으로 허수의 시간(imaginary time)이라는 것을 도입하게 됩니다. 허수의 시간은 수학에 있어서 음수(陰數)를 사용하는 것과 비슷한데 입자의 경로를 일상의 시간이 아닌 허수의 시간에서 일어나는 것으로 보고 허수의 시간에서 입자의 경로에 대응하는 파동을 모두 합하면 확정된 답을 얻을 수 있다는 것이지요.

얼핏 듣기로 허수의 시간이라 하면 일종의 상상의 세계와 연관이 있을 듯한 느낌이 들기도 하겠습니다만 이는 수학적 전문용어이며 상상의 세계와는 무관한 내용입니다. 플라톤이 최고의 학문으로 꼽았던만큼 수학은 가장 추상적인 학문이라 할 수 있을 것입니다. 가장 이미지에서 먼, 그리하여 가장 이데아에 가까운……. (플라톤은 눈에 그려지는 가시의 세계를 헛된 것으로 보아 이미지를 구현해 내는 조형예술−회화, 조각 등−을 가장 천시하였지요.)
우리가 아무것도 없는 것보다 더 없는 상태를 상상한다는 것은 불가능한 일이겠지만 수학에서는 마이너스(−)를 붙여서 얼마든지 사용 가능한 것이니까요. 예를 들어 계란 한 판에서 두 개를 먹어버린 경우를 머릿속에 그려 보는 일은 그다지 어렵지 않습니다. 그러나 다 먹고 하나도 남아있지 않은 텅 빈 계란 판에서 두 개가 더 없는 경우를 상상하는 것은 거의 불가능한 일이지요. 하지만 수학으로는 얼마든지 표현 가능한 일입니다. −2로 말이지요.

우리는 아이(i)로 표시되는 허수(虛數)에 관해서는 어느 정도의 지식을 가지고 있을 것입니다. 실수(實數)에서는 양수이건 음수이건 관계없이 제곱을 하면 무조건 양수가 되지요? 1×1이나 −1×−1 이나 모두 답이 1이 되지 않습니까? 이와는 달리 제곱하여 음수가 되는 특별한 수가 있는데 이를 이름하여 허수라고 합니다. 제곱하면 −1이 되는 수, 바꿔 말하면 −1의 제곱근이 바로 허수 i인 것이지요. 2i를 제곱하면 −4가 되고 −4의 제곱근은 2i가 되는 것이구요. 이처럼 특별한 허수는 어떠한 숫자로도 표시할 수 없기에 i라는 문자를 사용하는 것입니다. 그리고 이와 같은 허수를 써서 재어진 시간을 허수의 시간이라 부르는 것이지요.

허수는 돈이나 물건을 세는 것과 같은 일상적인 계산에 사용되지는 않습니다만 수학이나 과학, 기술 분야에서 폭넓게 사용되어지며 갖가지 복잡한 계산들을 간단하게 만들어 줍니다. 그래도 어째 시간을 허수로 잰다는 것이 속임수 같다는 느낌을 지울 수 없으시다구요? 물론 허수의 시간은 수학적 난관을 회피하기 위해 사용한다는 호킹의 표현에서도 드러나듯이 수학

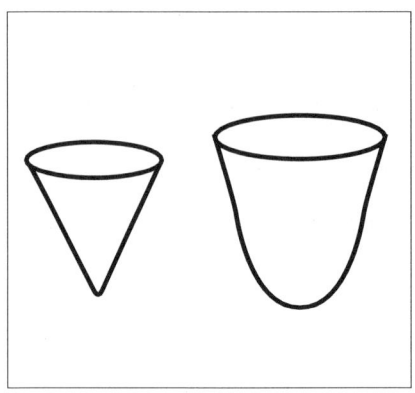

양자효과에 의해 꼭지점이 무너져 더 이상 특이점을 형성하지 않는다.

적 해답을 얻어내기 위한 일종의 트릭일 수도 있겠습니다만 그에 대한 호킹의 견해는 이렇습니다.

　　무엇이 실재하느냐 아니냐를 묻는 것은 의미가 없다. 중요한
　　것은 얼마나 유용한가를 묻는 것이다.

　하기사 물리학에서는 수학적으로 계산이 맞으면 옳은 이론이 되는 것이니까요. 그리고 옳은 이론이 유용한 것임은 두말 할 나위도 없겠지요. 실제로 허수의 양들은 양자역학의 모든 영역에서 튀어나오고 물리학자들은 그로 인한 수학적 난관을 허수의 시간을 써서 교묘하게 해결해 왔던 것입니다.

　이제 허수의 시간에서 얻어진 경로합을 일반 상대성이론과 결합하는 문제가 남았습니다. 시간과 공간을 '시공' 으로 연결시킨 아인슈타인의 중력

장이론에 파인만의 경로총합을 적용할 때 입자의 경로에 해당하는 것은 전 우주의 경로인 구부러진 시공간 전체가 됩니다. 이 때 입자의 모든 경로가 허수의 시간에서 합해졌듯이 마찬가지로 허수의 시간을 사용한 시공에 대해서만 경로합을 취하게 됩니다. 시공에 있어서의 허수의 시간은 한마디로 공간화된 시간을 말합니다. 따라서 시공에서는 좌표상으로 공간의 방향과 허수 시간의 방향 간에 구별이 없어집니다. 3차원 공간과 허수의 시간이 하나가 되어 유한하지만 경계와 특이점이 없는 '4차원 공간'을 만들어 내게 된다는 것이지요.(4차원 공간은 차원이 두 개 모자라지만 그 자체로 유한하면서 특이점이 없는 지구의 표면과 흡사하다고 생각하시면 됩니다.)

우주는 태초에 극히 작은 한 점에서 시작되어 점차 팽창하고 있다고 했습니다. 이러한 우주모형을 이미지화하면 원뿔에 해당한다고 할 수 있겠지요? 여기서 태초의 일점은 원뿔의 꼭지점이 되겠지요. 그러나 그 태초라는 꼭지점은 허수의 시간에 의해 둥그렇게 무뎌집니다. 다시 말해 공간으로 바뀐다는 것이지요.

이와 같은 현상은 종말이라는 특이점에서도 똑같이 적용되어 우주는 어느 순간 팽창을 멈추고 다시 수축하기 시작해서 종말이라는 일점에 이르러 공간으로 화해 버리고 맙니다. 이렇게 시간은 흐르다가 어느 순간 불확실하고 알 수 없는 이유로 점차 우아하게 사라져 공간이 됩니다. 이를 우리가 살고 있는 지구에 비유하자면 북극은 우주의 태초가 되고 갈수록 점점 팽창하여 적도에서 우주는 최대의 크기로 팽창했다가 다시 수축하기 시작하여 남극점에서 종말을 맞이하게 되는 것이지요.

만약 우주에 태초와 종말의 특이점이 있다면 남극과 북극은 일점 근원인 뾰족한 꼭지점을 형성하게 되겠지요? 그러나 태초와 종말은 허수의 시간, 다시 말해 공간화된 시간으로 인해 둥그렇게 무뎌져서 특이점을 형성하지 않는다는 것입니다. 마치 지구의 남극과 북극이 실제로 특이하지 않은 것처럼 말이지요. 이렇게 해서 유한하면서도 시작과 끝이라는 특이점이 없는 우주모형이 탄생하는 것입니다. 이것이 바로 '무경계 아이디어'입니다. 그리고 허수의 시간에서만 가능한 이론이 되지요. 꿈같은 이야기라고요? 글쎄요, 그렇다면 꿈과 현실의 차이는 과연 무엇일까요?

다시 호킹의 말을 들어 보기로 합시다.

> 허수의 시간이 유용한 것은 분명합니다. 사실 극단적인 입장을 취하자면 허수의 시간이야말로 기본적인 개념이며 수학적 모형은 이것을 사용해서 정식화되어야 한다고까지 말할 수 있습니다. 일상의 시간은 심리적인 이유에서 인간들이 만들어낸 파생적 개념일 것입니다. 이는 사건 속에 살아가고 있는 인간들이 사건의 시간적 연속으로서 우주를 설명할 수 있도록 만들어낸 것에 불과합니다.

# 7.

## 시작도 끝도 없는 이야기(4) : 떠도는 자의 노래

한마디로 호킹의 우주론은 수학의 세계에서나 가능한 이론이라 할 수 있을 것입니다. 오늘날의 과학 현실에 비추어 볼 때 말이지요. 그래서 호킹은 허수의 시간이 실재이고 현실의 시간이 가상일지도 모른다는, 어찌 보면 황당한 주장을 펼치고 있는지도 모릅니다. 그래야 자신의 이론이 설득력을 얻게 될 테니까요.

허수의 시간이 더 근본적이고 일상의 시간이 허구인지, 아니면 일상의 시간이 더 근본적인 것이고 허수의 시간이 그야말로 허상에 불과한 것인지 저로서는 잘 모르겠습니다. 하지만 이런 경우 오캄의 면도날원리를 적용하는 편이 훨씬 경제적이라는 생각에는 변함이 없습니다. 저 또한 오캄의 원리에 충실해서 글을 쓸 따름이지요.

그러나 허수의 시간은 저에게 있어서도 많은 생각을 하게 만듭니다. 결국 철학으로 이어지는 문제이니까요. 이 지점에서 과학은 또다시 필연적으로 철학과 만나는 것이 아닐까 하는 추측을 해보게 되는군요. 태초라는 부분도 결국 양자역학과 결부된 문제이니까요. (불확정성의 원리를 주축으로 하는 양자역학이 철학적이라는 점은 과학자들도 인정하고 있는 사실이지요.) 이렇게 해서 소략하나마 호킹이 제안하는 중력의 양자론의 원리를 대강 훑어 보았습니다. 어떻습니까, 내용이 좀 난해했나요? 그렇다면 여기서 중력의 양자론의 핵심만 간추려 보도록 할까요?

아인슈타인의 일반 상대성이론에 의하면 우주에는 태초라는 특이점이 반드시 있어야 하지만 특이점은 크기가 제로이고 따라서 무한대의 밀도와 무한대의 중력을 가지게 되므로 일반 상대성이론으로는 설명할 수 없는 부분이 되어 버리고 말지요. 이에 중력의 양자론에서는 태초의 순간에 미시 세계의 이론인 양자역학을 적용하여 문제를 해결해 보려 합니다. 이 때 극미한 척도에서의 모든 측정을 불가능하게 만드는 양자적 불확실성은 시간과 공간의 경계 또한 흐려 놓게 됩니다. 이러한 양자효과의 결과 태초의 우주는 다양한 시공구조가 생겨날 가능성을 가지게 되고 호킹과 하틀은 그 중 허수의 시간을 사용한 4차원 공간의 시공구조를 택하게 되는 것이지요.

이렇게 해서 태초와 종말이 없는 유한 무경계의 우주모형이 탄생하게 되는 것입니다. 그리하여 우주는 외적인 아무런 영향도 받지 않으며 그 자체로 유한하고 자급자족하는 우주, 천지창조도 최후의 심판도 없이 그저 존재할 뿐인 우주가 된다는 것이지요. 이제 호킹은 이렇게 묻습니다.

"그렇다면 우주에서 신이 설 자리는 어디인가?"

유신론적 입장에서라면 당연히 거부감을 일으킬 만도 하겠지요? 그런 점에서 볼 때 교황이 호킹에게 경고했다는 그 심정도 이해가 갑니다. 그러나 무경계 이론이라고 해서 신을 긍정하는 방법이 전혀 없는 것은 아닐 것입니다. 이렇게 생각해 본다면 말이지요. 호킹의 표현대로 신이 도박을 좀 했다고요. 그렇게 주사위를 던져 본 결과 오늘날의 우주가 선택되었고 우리는 선택된 우주 안에 살아가고 있는 선택받은 인간들이라고……. 아니면 시작과 끝이 있는 우주를 택하건 시작과 끝이 없는 우주를 택하건 오로지 신의 마음에 달렸다고 생각해 볼 수도 있지 않을까요?

사실은 이런 가정을 해보는 것조차 지금으로서는 시기상조가 아닌가 합니다. 왜냐하면 처음에도 밝혔듯이 중력의 양자론은 아직까지 가설에 불과한 이론이니까요. 태초의 모호한 상태에서 명확한 시간과 공간의 개념이 정확히 어떻게 표출되는지는 아직까지 알 수 없는 부분으로 남겨져 있습니다. 그 밖에도 중력의 양자론은 풀어야 할 난제들을 많이 안고 있다고 하겠습니다. 어찌 보면 중력의 양자론은 있다고 보면 기념비요, 없다고 보면 신기루인 속성을 한 몸에 담고 있는 차연의 원리에 다름 아닐까 하는 생각이 드는군요.

그런데…… 중력의 양자론이 입증된다고 해서 우주의 베일이 전적으로 벗겨져 그 실체가 온전히 드러나리라고는 생각되지 않습니다. 즉 어떤 이론이라 할지라도 '최후의 답변'이 될 수는 없다는 것이지요. 중력과 양자역학을 통합하는 '대통일 이론'이 될 정도로 풍부한 이론이라면 그에 따르는 새로운 난제들을 수반하게 되리라는 것을 과학자들 스스로가 인정하는 바이니까요.

이는 결국 인간이 우주의 신비에 대해 점점 많은 부분을 알아가게 되겠지만 결코 완벽한 지식에는 다다를 수는 없다는 것을 암시한다 하겠습니다. 따라서 새로운 과학이론은 계속해서 생겨나게 되겠지요.

역시……차연입니다.

자, 이쯤에서 저는 시작도 끝도 없는 이야기를 마칠까 합니다. 아쉬운 대로 시나 한 수 읊으면서 말이지요. 어쩌면 우리는 모두 시작도 끝도 없는 우주를 시작도 끝도 없이 떠도는 방랑자인지도 모른다는 생각을 남기며…….


### 떠도는 자의 노래


외진 별정 우체국에 무엇인가를 놓고 온 것 같다.
어느 삭막한 간이역에 누군가를 버리고 온 것 같다.
그래서 나는 문득 일어나 기차를 타고 가서는
눈이 펑펑 쏟아지는 좁은 골목을 서성이고
쓰레기들이 지저분하게 널린 저잣거리도 기웃댄다.
놓고 온 것을 찾겠다고.


아니 이미 이 세상 오기 전 저 세상 끝에
무엇인가 나는 놓고 왔는지도 모른다.
쓸쓸한 나룻가에 누군가를 버리고 왔는지도 모른다.
저 세상에 가서도 다시 이 세상에 버리고 간 것을 찾겠다고
헤매다닐지도 모른다.　　　　　─ 신경림

# 8.

## 혜강 최한기의 편지

저문 인왕산 산마루에 걸려 있던 주홍빛 구름층은 시간이 지날수록 차츰 어두운 진홍색으로 변해가더니 다시 잿빛이 감도는 탁한 암적색으로 바뀌어 갔다. 마치 살아있는 짐승처럼 잠시도 쉬지 않고 시시각각 변해가는 구름의 형색이 서서히 먹빛 어둠 속으로 잦아들며 사위어 갈 때까지 뒷짐진 채 묵묵히 지켜보던 최한기는 이윽고 소맷자락을 털고 사랑채로 들어와 놓았던 붓을 다시 들었다. 오랜 지기(知己) 고산자(古山子 : 김정호의 雅號)에게 장문의 편지를 쓰고 있던 중이었다.

우주 안에는 움직이지 않는 것이 없으니 이는 대기(大氣)의 활동으로부터 비롯된다고 할 수 있네. 즉, 기는 활동운화(活動運化)하는 본성을 갖고 있다는 것이지. 내가 말하는 운화기(運化氣)란 이처럼 활동운화하는 기를 일컫는 말일세.

운(運)이란 끊임없이 돌고 돌아서 막힘이 없이 두루 미친다는 뜻이며, 화(化)란 돌고 도는 데 따라 시시각각으로 변화한다는 뜻이지. 대기의 운은 활동운화하는 본성으로 끊임없이 돌고 도는 사이에 스스로 큰 힘을 내니 우주 안에서 무한한 변화를 드러나게 할 뿐더러 능히 여러 행성들을 실어 움직일 수 있는 것이라네.

처음에도 이야기한 바와 같이 우주는 기로 가득 차 있어 한치의 빈틈도 없다네. 지구의 주위에도 역시 기가 둘러싸고 있는데 그 층의 반지름이 지구 반지름의 천백 배나 된다고 하네. 나는 이것을 일컬어 '기륜(氣輪)'이라 부르기로 했네. 기륜은 글자 그대로 '기의 바퀴'라는 뜻일세. 지구의 회전에 따라 지구를 둘러싸고 있는 기도 같이 돌기 때문에 거대한 기의 바퀴가 형성되는데, 이것이 곧 지구의 기륜이라 할 수 있는 것이라네.

그런데 기륜은 우리가 살고 있는 지구뿐만 아니라 해, 달, 별에도 각각의 기륜이 있어 일천(日天)의 기륜은 해를 싣고 운행하며, 월천(月天)의 기륜은 달을 싣고 운행하고, 성천(星天)의 기륜들은 각각의 별들을 싣고 운행할 수 있는 것일세. 마치 바닷물이 배를 뜨게 하는 것처럼 기가 쌓이면 큰 힘을 내어 해, 달, 별들을 하늘에 띄울 수 있는 것이라네.

그리고 각각의 기륜들은 넓게 멀리 쌓여 기륜들 간에 서로 접한 상태가 되어 상호간에 영향을 주고받게 된다네. 다시 말해 우주 안에 있는 여러 별들은 독자적으로 움직이는 것이 아니라 서로 연결되어 상호작용하면서 움직이는데, 이 때 별들을 움직이게 하는 원동력은 바로 기륜에 있다는 것이지. 그러므로 나는 별들 사이에 아무것도 없는 텅 빈 공간이 펼쳐져 있다는 내단(柰端 : 뉴턴)의 설을 인정할 수 없는 것이라네.

내단은 진공(眞空) 속에 있는 모든 물체의 질점(質)은 서로 끌어당기는 힘이 있다고 하여 이를 섭력(攝力 : 만유인력)이라 일컬었다네. 내단은 끌어 당기는 힘은 질량에 정비례하고 서로 떨어진 거리의 제곱에 반비례한다는 법칙을 세워 천체의 운행과 변화를 설명하고 예측한 공적은 인정되나 그 섭력이 왜 작용하는 것인지에 대해서는 밝혀내지 못했다네. 그래서 만물을 움직이는 주재자(主宰者 : God)라는 허망한 존재를 끌어들일 수밖에 없었던 것이지. 즉 내단의 섭력의 원리는 물체와 물체 사이의 힘의 관계를 설명할 수는 있었지만 그 힘이 어떻게 전달되는지를 밝혀내는 데는 실패했다는 말일세.

내가 이제 주장하거니와 그 힘의 작용 원인은 바로 '기륜'에 있는 것이라 네. 별들 상호간에는 비록 거리의 원근고저가 있네만 앞에서도 언급한 바 각자 기륜이 있어 서로 접촉하고 서로 간섭하여 밀고 당기는 작용을 할 수 있다는 것이지.

여보게 고산자! 한번 생각해 보게나. 만약 기륜이 없다면 멀리 떨어져 있는 별들 간에 무엇을 통해 서로 밀고 당기고 할 수 있겠는가?

# 9.
## 스티븐 호킹과의 대화

질문　최한기 선생의 기륜설은 진공상태를 부정하고 우주공간이 유형의 기로 꽉 들어차 있다고 보는 관점에서 전통기학의 맥을 잇고 있다고 할 수 있겠습니다. 따라서 기륜설을 동양우주관의 하나로 보아도 크게 어긋난 판단은 아니라 생각되는데요, 박사님께서는 기륜설을 서양과학에 비추어 볼 때 어떻게 설명되어질 수 있다고 생각하십니까?

호킹　글쎄요……. 저는 사실 현대과학을 동양의 신비주의와 연관지어 엮어 보려는 발상 자체를 별로 좋아하지 않습니다. 이를테면 '신과학 운동' 같은 그런 종류들 말이지요. 그러나 동양과학의 관점에서 서양과학과 비교해 보는 입장이라면 굳이 배척할 것만도 아니라는 생각이 드는군요.
　먼저, 공간을 텅 빈 진공의 상태로 보지 않고 어떤 물질로 꽉 들어차 있다고 보는 견해는 서양과학의 역사에 비추어 볼 때 멀리 그리스의 파르메

니데스로부터 시작됩니다. 아리스토텔레스 역시 진공의 존재를 부정하고 우주공간이 연속 매질(媒質)로 충만해 있다고 보았지요. 데모크리토스의 원자설에 대립되는 이와 같은 매질설은 근대에 이르러 데카르트로 이어집니다. 데카르트 역시 우주공간을 물질로 꽉 들어찬 물질 공간으로 보았습니다. 그리고 그의 이론은 라이프니츠와 빛의 파동설을 주장한 호이겐스에게서도 발견됩니다. 그들이 공통적으로 주장하는 바는 물질로 꽉 찬 공간 안에서 물질 간의 접촉을 통해 힘이 근접작용한다는 것이지요.

그러나 텅 빈 진공 속을 힘이 원격작용한다는 뉴턴의 만유인력의 등장으로 데카르트의 주장은 부정되어지고 맙니다. 아시는 바와 같이 만유인력을 포함한 뉴턴의 운동의 법칙들은 기존에 미비했던 천문학과 역학에서의 모든 힘과 운동의 개념 정립을 성공적으로 이루어내게 됩니다. 뉴턴에 이르러 비로소 근대역학이 확립되었던 것이지요. 그러나 '신의 법칙'이란 찬사를 한 몸에 받으며 오랜 세월 절대성의 옥좌를 지켜온 뉴턴의 만유인력의 법칙은 20세기 들어 아인슈타인의 일반 상대성이론(중력장이론)에 의해 다시 부정되어집니다.

중력장이론은 중력을 끌어당기는 힘이 아닌 공간의 특성으로 파악합니다. 간단히 설명하자면 물체가 땅으로 떨어지는 현상을 놓고 볼 때 지구가 힘을 원격작용하여 직접 물체를 끌어당기는 것이 아니라 지구라는 질량체가 지구를 둘러싸고 있는 공간을 변형시켜서(휘게 하여) 그 휘어진 곡률을 따라 물체가 굴러 떨어지게끔 만든다는 것이지요.

우주공간이 바로 이와 같은 중력장이라는 독특한 '에너지의 장'으로 꽉 채워져 있다고 볼 때 기륜설은 원론적 의미에서 중력장이론과 흡사하다고 할 수 있을 것 같군요.

질문    최한기 선생은 기륜이 지구뿐만 아니라 태양을 비롯한 모든 별들을 각각 둘러싸고 있다고 주장하는데 이 점도 중력장이론으로 설명되어질 수 있겠습니까?

호킹    그렇겠지요. 중력장이란 무거운 질량을 가진 물체 주변의 휘어진 시공간을 가리키는 말이므로 모든 별들은 각각의 질량 분포에 따라 휘어진 중력장에 둘러싸여 있다고 보아야 할 것입니다.

질문    그렇다면 각각의 기륜들이 중력의 힘을 실어 전달하고 서로 접촉하여 상호간에 영향을 주고받음으로써 별들이 운행한다는 기륜의 상호작용설에 대해서는 어떻게 생각하시는지요?

호킹    글쎄요……. 그 질문에 대해서는 설명이 그리 간단치가 않을 것 같군요.
    얼핏 듣기로는 만유인력과 중력장이론을 한데 섞어 놓은 듯이 들립니다만……. 그러니까 별 자체의 끌어당기는 힘(중력)을 실어 나르는 것이 기륜의 역할이라는 것이지요? 그리고 그 힘들이 각각의 기륜을 타고 우주공간에서 맞닿아 상호간에 힘을 행사한다는 뜻이 아닌가요?

질문    맞습니다. 최한기 선생은 만유인력의 법칙 자체를 부정하지는 않았습니다. 다만 그 힘이 어떻게 전달되는가에 의문을 품었던 것이지요. 처음에도 말씀드린 바와 같이 텅 빈 공간을 아무런 매개물 없이 전달된다는 힘의 원격작용을 믿지 않았던 것입니다. 그리고 그 힘의 작용 원인을 기륜에 두었던 것이지요.

호킹　　그렇다면 우선 만유인력과 중력장이론의 근본적인 차이가 어디에 있는지 살펴봅시다. 우리가 태양계를 예로 놓고 볼 때 태양 주위를 도는 행성의 운동을 만유인력과 중력장이론으로 각각 설명하자면 만유인력은 투석기에 매달려 빙빙 돌고 있는 돌에 비유할 수 있겠고 중력장 이론은 굽은 트랙을 따라 달리는 경주용 차와도 같다고 할 수 있을 것입니다. 즉 만유인력은 중력의 작용 원인을 태양 자체에 두고 있는 반면, 중력장이론에서는 태양 주위를 둘러싸고 있는 굽어진 시공간에 두고 있다는 것입니다. 기륜이 힘을 실어 나른다는 설을 중력장이론에 적용하자면 중력파(重力波)의 기능과 비슷하다고 해야 할까요.

　아인슈타인은 중력장이론에서 운동하는 질량체에서 발생하는 중력파의 존재를 예언한 바 있습니다. 중력파는 워낙 미약해서 검출에 어려움이 많이 따릅니다만 그 효과는 이미 입증되고 있는 실정이지요. 양자역학적 관점에서 보자면 중력파는 중력자(重力子)들로 이루어져 있다고 볼 수 있는데 이들이 시공간을 휘게 하는 힘, 즉 지구가 태양 둘레를 돌게 하는 힘이라고 할 수 있지요. 그리고 우주 안에 있는 질량체들 사이에 중력의 효과를 전달하는 역할을 합니다. 예를 들어 중력파는 빛의 속도로 전파되는데 만약 태양이 사라지는 사건이 발생한다면 중력파는 약 8분 후에 지구에 도달하게 되고 그 순간 태양의 중력으로부터 벗어난 지구는 일직선을 그으며 태양계 밖으로 날아가 버리게 될 것입니다.

그러나 현재로서 기륜과 중력장이론 간의 가장 유사한 점을 들자면 무엇보다도 공통적으로 텅 빈 진공상태의 우주공간을 부정한다는 데 있는 것 같습니다. 아인슈타인 스스로도 일반 상대성이론을 논함에 있어서 '절대적인 빈 공간이라는 것은 물리적 실체로서 무의미하다'고 공언한 바 있으니까요.

과학를 이야기하다

김숙경    현대 물리학에 있어서 아인슈타인의 상대성이론이 낳은 가장 획기적인 산물이라 할 수 있는 '질량 에너지 등가의 법칙'은 입자에 대한 우리의 고전적 관념을 근본적으로 바꾸어 놓았다고 할 수 있을 것입니다.

고전 물리학에서의 '물질 입자'란 항상 질량의 형태와 동일한 상태로 보존되며 정적이고 수동적인 속성을 지닌다고 여겨져 왔습니다만, 상대성이론에 오면 질량은 물질적 실체와는 무관한 에너지의 한 형태임을 밝혀 주고 있습니다. 끊임없이 활동작용하고 있는 '에너지 덩어리'로서의 질량은 결국 입자의 성격이 본래 견고하고 고정적인 실체가 아닌 가변적이고 역동적인 성질의 것임을 시사해 주고 있다 하겠습니다.

이처럼 우리가 철두철미하게 믿고 있는 물질적 실체라는 것은 미시의 소립자들의 세계로 들어갈수록 그 의미를 갖지 못하게 된다는 것이지요. 물질계의 내부는 결코 정적으로 머물러 있지 않고 끊임없이 생멸변화한다는 것입니다. 이러한 현대 물리학에서의 물질관은 불교에서 말하는 '제행무상(諸行無常)'과도 통하지 않나 생각됩니다.

스님께서는 이에 대해 어떠한 견해를 갖고 계시는지 알고 싶습니다.

각묵 스님    그렇습니다. 제행무상은 바로 삼법인(三法印)의 하나로 제법의 존재가 영원불멸하는 그 무엇이 아니라 '찰나생 찰나멸'한다는 것입니다.

물질을 구성하고 있는 입자의 최소 단위라 할 수 있는 '쿼크'도 따지고 보면 개념으로서의 존재이지 불변의 고정된 실체가 아니지 않습니까?

1초에 $10^{-23}$으로 존재한다니 그야말로 찰나생 찰나멸이 아니고 무엇이겠습니까? 그러다 보니 서양의 과학자들도 불교에 관심을 가지지 않을 수 없었던 것이지요. 제법의 존재는 물질뿐만 아니라 정신 현상까지 포함해서 일체가 찰나적 존재입니다. 보십시오, 생각〔念〕이란 '지금〔今〕 마음〔心〕'이란 뜻이 아닙니까? 지금이란 고정된 한 점의 시간이 아닌 흘러가는 찰나적 순간이므로 풀이하자면 지금 이 순간에 찰나생 찰나멸하는 마음이라는 것이지요.

이와 같이 제법의 존재는 물질은 물론 마음까지도 연기의 법칙에 의해 순간순간 찰나생멸하는 것임을 깨닫고 그 실체의 무상함을 꿰뚫어 보는 것이야말로 곧 해탈의 길이 되는 것입니다.

김숙경    고전역학을 대표하는 뉴턴역학체계에서는 1차원의 절대시간과 3차원의 절대공간은 상호간에 영향을 주지도 받지도 않는 각각 독립된 실체로 존재한다고 보았습니다. 그러나 상대성이론의 세계에 오면 시간과 공간은 분리되지 않는 하나의 '4차원 연속체'로 파악합니다.

그 원리를 간단히 설명하자면 고전역학체계가 '물체 중심의 사고'를 하는 데 반해 상대성이론은 '사건 중심의 사고'를 하기 때문이라고 할 수 있습니다. 사건이란 공간의 어느 한 지점에서 시간적으로 어느 한 시각에 일어나는 현상을 말합니다. 따라서 시간과 공간은 상호 뗄 수 없는 관계로 시공간을 형성하게 된다는 것이지요. 이는 전통 형이상학의 이원론을 극복하고자 한 해체주의의 '차연의 원리'와도 상통하는 부분이라 할 수 있습니다.

데리다가 고안해낸 차연(差延)은 차이(差異)와 연기(延期)라는 낱말을 합성하여 만든 조어(造語)인데, 여기서 차이는 공간적 개념을, 연기는 시간적 개념을 담고 있습니다. 이 두 개념의 낱말이 결합된 차연은 공간적 차이와 시간적 연기로 인해 존재의 결정이 끝없이 미루어질 뿐 결코 확정될 수 없다는 뜻을 담고 있는 것이지요.

존재의 불확정성은 이와 같이 공간과 시간이 한데 뒤섞여 나눌 수 없는 관계 속에서 형성됩니다. 비유하자면 A라는 장소에서 B라는 장소로 공간이동을 하는 공간적 행위 속에 이미 시간이 소요된다는 시간적 행위가 함께 이루어지고 있다는 것이지요.

이와 같이 현대 물리학과 해체주의 철학에서는 공통적으로 공간과 시간 간의 불가분의 관계를 강조하고 있습니다. 그렇다면 이러한 상반된 개념 간의 결합, 즉 대립되는 이원론의 극복 현상이 불교에서는 어떤 원리로 설명되어질 수 있는지 궁금합니다.

**각묵 스님**　　이원론의 대립체계를 극복한다는 것은 한마디로 양 극단을 여읜다는 중도(中道)의 원리와 다르지 않다고 생각되네요. 중도란 상반된 양 극단을 버리고 양변이 융합된 원융무애의 상태를 말합니다.

　이렇게 양 극단을 버리고 나면 양변이 융합한다는 쌍차쌍조(雙遮雙照)의 원리를 현대 물리학의 상대성이론에서 찾아보자면 시간과 공간의 양변을 버리니 융합된 시공간이 형성된다는 '시공간의 원리' 이외에도, 질량은 에너지의 한 형태에 불과하다는 '질량 에너지 등가의 법칙'에서도 찾아볼 수 있을 것입니다. 그런가 하면 양자 물리학에서 입자와 파동의 상반된 양변을 지우고 입자이면서 동시에 파동이라는 '입자파동설' 또한 중도의 원리로 해석할 수 있는 좋은 예가 되지 않나 생각됩니다.

　이처럼 해체주의 철학과 현대 물리학에서 공통적으로 제시하고 있는 이원론의 극복이 불교의 중도사상에서도 찾아볼 수 있다는 것은 오늘날 첨단 과학과 철학에 발맞춰 불교가 여전히 현실적인 가치와 의미를 잃지 않고 있다는 점에서 시사하는 바가 매우 크다고 해야 할 것입니다.

# 운동의 법칙 _ 김씨의 공차기

한때 내가 운전을 배우러 다녔던 운전면허 학원에서의 일이다. 당시 나를 맡았던 운전 강사는 젊은 김씨였다. 스물 대여섯 살이나 되었을까…….  검고 여윈 얼굴과 몸 어느 구석에서도 생기라곤 한 점 찾아볼 수 없는 무기력한 모습의 김씨는 만사가 귀찮다는 듯 거의 말도 하지 않았다. 그저 운전대 옆 조수석에 앉아서 '출발', '정지'만 되풀이 하다가 내가 서툴게 급브레이크라도 밟을라치면 짜증스럽다는 듯 미간을 찌푸리는 게 고작이었다.

그 운전 교습장 바로 곁으로 교외선 철길이 있었다. 그래서 한 시간의 교습 중에도 서너 차례씩 기차가 굉음을 내지르며 지나갔다. 기차가 지나갈 때면 철로변의 잡초며 풀꽃들이 일제히 쓰러졌다 다시 일어나곤 했다. 여린 풀들도 제 스스로 살아남는 법을 터득한 것이었을까…….  다투어 낮게 더 낮게 몸을 숙였다. 기차가 지축을 흔들며 무서운 속도로 달려 올 때면 나도 덩달아 풀꽃처럼 몸을 숙였다. 그리고 천지를 집어삼킬 듯한 굉음이 온몸을 훑고 지나갈 때까지 운전대 위로 숙인 머리를 감히 들지 못했다. 그 순간을 참아주지 못하고 김씨가 노골적으로 짜증을 냈다.

"신경 쓰지 말아요, 하루에도 수십 번씩 있는 일이니까."

그의 말꼬리에서 알 수 없는 분노가 묻어났다.

왜 그랬을까?

운전 교습이 거의 끝나갈 무렵에서야 나는 그 이유를 알게 되었다. 어린 시절 그의 시골집 곁으로도 철길이 놓여 있었다고 한다. 어린 김씨는 기차를 보며 자랐고 기차를 보며 꿈을 꾸었다. 호사한 특급 열차가 기세 좋게 달려갈 때면 숨이 턱에 닿을 때까지 뒤쫓아 달리기도 했다. 그러면서 다짐했다.

'언젠가는 나도 저 기차를 꼭 타 보리라.'

정말로 김씨는 딱 한 번 기차를 타게 되었다. 그가 중학교를 졸업하던 해 기차를 잡아 타고 서울로 올라왔던 것이다. 그러나 그 이후로 김씨는 두 번 다시 기차를 타지 못했다. 가슴 벅차게 다가와서는 그만 벅찬 가슴을 짓밟고 지나가 버리는…… 기차는 오늘도 변함 없이 그의 곁을 달리지만 김씨는 더 이상 가슴 설레지 않는다. 꿈도 꾸지 않는다. 그 대신 김씨는 공을 찬다.

교습시간이 끝나면 10분 간의 휴식을 틈타 김씨는 동료들과 어울려 공차기를 하는 것이다. 무표정한 그의 얼굴에 그나마 사금파리 같은 미소가 찾아드는 유일한 순간이다. 나는 교습이 끝난 뒤에도 얼핏 발길을 돌리지 못한 채 그의 공차는 모습을 지켜보곤 했다.

비스듬한 오후의 햇살이 그의 은색 선글라스 위로 보기 좋게 부서져 내리고 시든 꽃잎 위의 햇살처럼 여위고 지친 얼굴에 피어오르는 환한 미소가 눈부셨다. 무기력한 그의 몸 어느 구석에 저런 힘이 숨겨져 있었을까……. 제 앞에 날아든 공을 있는 힘껏 차 올리는 그를 보고 있노라면 내 마음도 공과 함께 하늘 높이 솟았다 떨어지곤 했다.

그런데 필사적으로 공을 차 올리는 그들의 모습에서 차츰 무언가 심상치 않은 무게가 느껴지기 시작했다.

'뭘까? 까닭 없이 가슴을 짓누르는 저 음산한 힘의 정체는…….'

나는 점점 답답해져 오는 가슴을 추스르며 그들의 공차기를 예의 주시했다. 그리고 오래지 않아 그 음습한 기운의 정체를 알아차렸다.

운전 교습소의 한 귀퉁이를 이용한 그들의 공차기 장소는 몹시 협소했다. 그래서 그들은 공을 멀리 차지 못한다. 아니 공을 찬다기보다 '차 올린다'라고 표현하는 게 정확할 것이다. 그렇게 차 올려진 공은 멀리 날아가지 못하고 가파른 포물선을 그리며 그들이 서 있는 자리로 되떨어지고 만다. 그래서 그들은 될 수 있는 한 공을 높이 차 올리는 것이다.

그러나 높이 쏘아 올릴수록 그만큼 수직 낙하하는 공을 바라보며 나는 한순간 모든 것을 알 수 있었다. 왜 젊은 김씨의 얼굴이 그토록 무기력한지를, 그리고 그들의 공차기를 지켜보는 내 가슴은 왜 까닭 없이 답답해져 왔는지를…….

그렇다! 모든 운동에는 법칙이 있는 것이다.

예술놀이

제4장

# 예술놀이

# 1.

## 노자(老子)의 비디오

무(無)는 단순히 무력한 부재(不在)가 아니라 무한한 창조의 가
능성을 품고 있는 여백이다.

비디오 아트는 생성과 소멸의 사이 그 여백과 간극에서 이미지가 창조
된다.

데리다는 서양 철학사와 지성사의 해체 과정에서 백지 뒤에
숨어 있는 흰 글씨로 된 새로운 그 무엇을 읽고 있다. 데리다는
검은 글씨로 문자화된 활자 곁에 숨쉬고 있는 자간이나 행간, 그
리고 방주나 난외에 흰 글씨로 쓰인 또다른 사고가 숨쉬고 있다
고 보았다. 백지 뒤에 흰 글씨로 쓰여져 있기에 언뜻 보면 아무
것도 없는 것처럼 보인다. 그러나 데리다의 눈에는 중심사상으

로 으쓱대는 검은 활자보다 기죽어 숨어 있는 가장자리가 더 중
요하다.

여기서 자간, 행간, 난외, 가장자리 등은 모두 글씨 이외의 흰 부분, 즉
여백을 가리킨다. 그리고 데리다는 이러한 여백의 의미심장함을 '백지 뒤
에 숨어 있는 흰 글씨'로 표현하고 있는 것이다. 따라서 여백이란 검은 글
씨에 의해 가려진 흰 글씨이며 존재에 의해 은폐되어진 부재이다. 그러나
여백은 단순한 부재, 단순한 없음이 아니며 존재를 가능케 하는 부재로서,
부재화된 존재의 세계, 즉 차연의 세계이다.

데리다가 서구 형이상학의 해체 과정에서 여백의 흰 글씨를 발견하고 읽
어 낼 수 있었던 것은 해체의 원리가 파괴와는 사뭇 다른 양상을 띠고 있기
때문이다. 파괴는 구질서들을 형체가 없이 부숴 버리는 속성을 띠고 있는
반면 해체는 그 파편들을 부품으로 고스란히 환원시키는 성질을 가지고 있
다. 이러한 해체 과정을 통해 전체로부터 분리된 부분들은 그 부분과 부분
사이에 여백을 형성하게 되는 것이다. 그리고 그 여백은 기존의 형이상학
적 질서들을 무력화시키는 해체의 칼날인 동시에 스스로 숨겨진 차이를 토
해내고 사라져 간 진리의 빈 자리를 무한한 창조의 장으로 변모시키는 텍
스트의 세계이기도 한 것이다.

노자(老子)는 말한다.

서른 개의 바퀴살이 하나의 바퀴통에 집중되어 있으나 빈 공
간이 있어 바퀴를 쓸모 있게 만들며, 진흙을 개어서 그릇을 만드

나 아무것도 없는 빈 공간이 있어 그릇으로써 구실을 하게 한다.

지게문과 창문을 내어 방을 만들 때도 그 가운데 빈 공간이 있어야 방으로 쓸 수 있게 된다. 이처럼 유(有)가 이(利)가 되는 것은 무(無)가 있기 때문이다.　—노자, 『도덕경』

처음으로 돌아가는 것(反)은 도의 움직임이요, 약한 것은 도의 쓰임(用)이다. 천하 만물은 유(有)에서 나오고 유(有)는 무(無)에서 나온다.　—노자, 『도덕경』

여기서 반(反)은 정(正)의 상대적 개념이고 약(弱)은 강(强)의 반대 개념이다. 정(正)과 강(强)은 유(有)와 통하며 천지만물을 뜻하고, 반(反)과 약(弱)은 무(無)와 통하며 도(道)의 작용을 뜻한다.

정(正)과 반(反), 유(有)와 무(無)는 모두 상반된 개념처럼 보이나 역동적으로 순환하며 상생(相生)하는 도(道)의 운동을 나타내고 있다. 또한 정(正)을 정(正)이게 하는 것은 반(反)의 작용이요, 강(强)을 강(强)이게 하는 것은 약(弱)의 작용이며, 유(有)를 유(有)이게 하는 것은 무(無)의 작용이다.

이와 같이 도는 소극적이고 무능한 듯 보여도 천지만물을 낳고 움직이는 적극적인 힘을 가진 존재인 것이다. 이에 노자는 천하만물은 유에서 나오고 유는 무에서 나온다고 하여 무의 힘을 역설하고 있는 것이다.

TV 스크린에 이미지가 나타난다. 눈부시게 파란 바닷물을 배경으로 멋진 오픈카 한 대가 바람처럼 유연하게 미끄러지듯 달려간다. 그러나 이 비디오 테이프에서 필름을 한컷 한컷 분리해 보면 정지된 사진들의 나열에 불과하다. 차를 움직이는 것은 필름 자체에 있는 것이 아니라 필름과 필름 사이, 즉 여백에 있는 것이다.

음과 음 사이 또한 여백이다. 백남준은 "나는 존재하지 않는 소리를 찾고 있었다. 나의 스승은 내가 원하는 것은 음표들 사이에 있다"고 말했다. 전통 형이상학적 음의 질서는 오직 한 곡의 음악만을 듣기를 강요한다. 그러나 음의 여백이 만들어내는 곡은 무궁무진 하다.

다시 노자는 말한다.

> 천지 사이는 풀무와도 같아서 비었으나 힘을 다하는 일이 없고 움직일수록 더욱 힘이 나온다. ― 노자, 『도덕경』

무(無)는 단순히 무력한 부재(不在)가 아니라 무한한 창조의 가능성을 품고 있는 '여백'이다. 여백은 '사이'이고 '간격'이어서 소극적이고 수동적으로 보이지만 동시에 그것은 차연을 잉태시키는 창조의 장(場)이 되는 것이다.

이러한 텍스트의 세계와는 달리 빈틈없이 꽉 짜여진 기존 형이상학의 질서들은 독자 혹은 관객으로 하여금 허튼 생각을 할 수 없게 만든다. 교과서, 성서, 백과사전, 그리고 전통 회화나 조각 등 모든 '전통의 텍스트'들이 그러하다. 그 모든 전통적 텍스트들은 읽고, 보고, 이해하고, 그대로 받아들이면 되는 것들이다.

그러나 해체주의 시대의 예술은 톱니바퀴처럼 한치의 오차도 없이 완벽하게 맞물려 돌아가는 형이상학적 질서들에 틈(사이)을 벌려 놓는다. 그 틈

새의 여백으로 독자(또는 관객)의 상상력이 비집고 들어간다. 이로써 무한한 창조의 행위가 벌어지고 각기 다른 얼굴을 한 텍스트들이 끝없이 만들어지고 또한 상호작용하며 끝없이 펼쳐지는 것이다.

　이제 본격적인 놀이의 장을 펼쳐 보기로 하겠다.

# 2.

## TV 존재론 – 차연, 도(道) TV

TV를 켠다.

화려한 광고 이미지들이 속사포처럼 쏟아져 나온다.

눈부시게 파란 하늘이 화면 전체를 메우는가 했더니 어느새 하얀 모래사막이 나타나고 낙타 탄 사람이 보이는가 했더니 눈 깜짝할 사이에 보기에도 탐스러운 거품을 뿜어 올리는 맥주잔이 클로즈업 되어 나타난다.

하지만 우리가 보고 있는 것은 무엇인가?

'정사진 카메라의 셔터 스피드를 1/2,000로 놓고 전원 풍경을 찍었을 때 우리는 전체적인 전원 풍경을 볼 수 있다. 그러나 같은 셔터 스피드로 TV 화면 위의 전원 풍경을 찍었을 때 우리가 볼 수 있는 것은 전체적인 전원 풍경이 아닌 몇 개의 점을 지나는 광선을 볼 수 있을 뿐이다. 따라서 TV를 본다는 것은 엄밀한 의미에서 영화나 정사진처럼 독립된 이미지를 보는 것이 아니라 이미지를 만드는 점을 보는 것이다.'

이를 바꿔 말하면 점들이 이미지를 만들어 낸다는 뜻이기도 하다. 그렇다면 이 점들은 어떻게 이미지를 만들어 내는가? 우리 눈은 매순간 전자 광선이 지나는 몇 개의 점을 받아 뇌로 보내 주면 뇌는 매순간 몇 개의 점이 빚어내는 충격을 기록하고 앞서 받은 충격을 상기해 내어 다음 충격을 예상하게 된다. 이것이 TV 화면의 이미지를 보는 방식이다.

이와 같이 우리가 보는 TV 이미지는 망막에 잡힌 점들이 뇌로 보내지면서 공간적으로 미루어지고 시간적으로 연기된 자리, 즉 차연이며 그 흔적으로 이루어진다. 점들의 끊임없는 움직임으로 이루어내는 차연의 공간, TV 이미지는 스스로 독립적이지도 않고 단순한 점들의 집합도 아니며 점과 점 사이에서 끝없는 차연의 놀이, 흔적의 놀이에 의한 탄생과 소멸의 반복으로 이루어지는 것이다.

데리다는 이렇게 말한다.

> 흔적은 현전(現前)이 아니라 스스로 전위(轉位)시키고, 이동시키고, 위탁하는 현전의 가장(假裝)이기에 그것은 고유한 위치가 없으며…… 흔적으로 시작을 구성한 지움(削除)은 자리와 위치를 계속 바꾸면서 나타남으로 사라지게 하고, 살아 있으나 동시에 죽어 있는…….

비디오 아티스트 백남준은 이러한 TV의 물리적이고 전자적인 특성을 도(道)의 특성과 연관지어 설명하고 있다.

TV 시그널은 도(道)와 같다. 끊임없이 변화하고 계속적으로 그 자체를 역동시키고 소멸하고 다시 생겨난다.

한순간 탄생이 있고 한순간 죽음이 있다. (方生方死)
한순간 죽음이 있고 한순간 탄생이 있다. (方死方生)
한순간은 가능하고 한순간은 불가능하다. (方可方不可)
한순간은 불가능하고 한순간은 가능하다. (方不可方可)
— 장자, 「제물론」

도(道)는 아주 깊고 심오하여 없는 듯하나 또한 존재한다.
— 노자, 「도덕경」

'결코 쉬지 않는 바다의 고요함'이라는 말 속에 내재되어 있는 역설(逆說)이 바로 도(道)의 중심이며 또한 차연의 원리이다.

생성과 소멸, 역동과 고요, 삶과 죽음, 있음과 없음……. 이 모든 것의 순환과 반복이 꼬리에 꼬리를 물고 무시무종(無始無終) 엮어내는 유무상생(有無相生)의 세계, 이 세계가 바로 도(道)의 세계이자 데리다가 말하는 차연의 세계이며 텍스트의 세계인 것이다.

차연은 현재로 나타난 적이 없고 그 누구에게도 자신을 드러낸 적이 없다. 그 자체로 보유하지만 겉으로 드러내지 않으며, 차연은 일정한 형식으로 결정적인 순간 진리체계를 능가하지만 자신을 불가사의한 그 무엇인가로 위장하여 나타난다. 그러나 이 모든 나타냄은 사라짐 자체를 나타냄이

다. 나타나기 위해 모든 모험을 감수하지만 결국 그것은 사라짐 그 자체가 되고 만다.'

언제부터인가 TV는 가구처럼 우리의 가정에 들어와 우리 곁에 자리잡았다. 우리가 있는 곳이면 어디에나 TV는 존재한다. 안방, 거실, 부엌, 심지어는 화장실에 앉아서도 우리는 TV를 볼 수 있다. 그래서 TV는 가족의 얼굴처럼 밀접하고 오랜 친구처럼 친밀하다. 그런가 하면 TV는 애완동물처럼 사랑스럽고 연인처럼 들뜨게도 한다.

'무엇이 우리의 가정을 이토록 다양하고 흥미롭게 만드는가……'

TV를 끈다.

이제 이 '모든 것'은 더 이상 '아무것'도 아니다.

싸늘하게 식은 TV 수상기는 어둠처럼 적막하고 무덤처럼 조용하다.

우리가 소유한 것은 TV인가, TV 세트인가?

어느 날 태양이 폭발하는 사건이 일어났다고 가정한다면 지구인들은 8분 후에 그 사실을 체험하게 될 것이다.(빛이 태양을 떠나 지구에 도착하는데 약 8분 걸리므로)

그 때의 체험은 진실인가, 허위인가?

'차연은 있다고 보면 기념비이고 없다고 보면 신기루이다.'

TV는 없다.

TV는 없다.

TV는 없다.

TV를 반대하는 것이

TV를 찬성하는 것이다.

# 3.

## 비디오 때 비디오 땅(Video time Video space)

시간의 공간되기 공간의 시간되기(The becoming time of space and the becoming space of time)

시간과 공간은 서로 다르지만 또한 분리되지 않는 것이 차연의 생리이다. 시간은 공간에 접목되고 공간은 시간에 통화되는 그런 세계……

비디오 아트를 함에 있어서 시간은 공간과 더불어 중요한 자리를 차지하게 된다. TV 수상기는 그 자체로서 조각의 영역에 속하고 TV 스크린은 캔버스의 역할로서 회화의 영역에 들어간다고 할 수 있다. 그리고 이들 TV 수상기와 스크린이 공간의 영역에 속한다면 스크린에 떠오르는 영상의 변화와 움직임은 시간의 영역에 속한다고 할 수 있겠다.

예술놀이

'비디오 아트는 TV 스크린의 움직이는 영상이 필연적으로 시간성을 내포하기 때문에 공간예술과 시간예술이 서로 만나는 복합매체의 성격을 갖출 수밖에 없다.'

TV 수상기만으로도, 영상의 변화만으로도 비디오 아트는 온전히 성립될 수 없으며 시간과 공간이 합쳐져 시공간을 이룰 때만이 비디오 아트는 비로소 재구실을 할 수 있게 된다. 이렇게 비디오 아트에서의 시간과 공간은 따로 분리되어 존재할 수 없는 상대적 개념을 갖게 되는 것이다.

백남준은 「비디오 때 비디오 땅」이라는 제목 하에 바젤준스트할게와 취리히의 쿤스트 하우스에서 두 개의 전시회를 동시에 연다. '여기가 공간으로 가는 시간이다'라는 바그너 극중 인물 파르지발의 유명한 말이 여기서도 인용된다. 공간으로 가는 시간이란 시간의 공간화를 말한다.

한국 나이로 60회의 생일을 지낸 백남준은 회고전 형식의 전시회를 통해 비디오 설치작품인 「나의 파우스트(My Faust)」 연작 13점을 선보이게 된다. 성당 제단 장식을 연상시키는 TV 상자 속에 모두 24대의 TV를 설치하여 각기 다른 주제마다 서로 다른 테이프를 장치한 파우스트 시리즈는 13개의 채널을 통해 교육, 농업, 정보, 종교, 의약, 경제, 환경, 연구개발, 운송, 인구, 예술, 국수주의, 자서전 등의 메시지를 담고 있다.

이 13대의 설치물은 악마 메피스토펠레스의 꼬임에 넘어가 영혼을 담보 잡힌 파우스트가 다시 젊은 사람으로 변해 파란만장한 인생역정을 살아가는 과정에서 겪게 되는 세상의 모든 경험을 담고 있다. 그런가 하면 이 설치물은 파우스트에게 환멸을 가져다 주었던 인간 소유의 모든 지식들의 집합체이기도 하다. 그러므로 12개의 채널이 담고 있는 주제들은 인간의 지식인 동시에 삶의 체험이라는 이중의 의미를 내포하게 되는 것이다.

파우스트에게 있어서는 지식으로서의 삶이나 체험으로서의 삶 모두가 고통스러운 것이었다. 200년 전 괴테의 눈에 비춰졌던 세계나 오늘날 백남준의 눈에 비춰진 세계나 불완전해 보이기는 마찬가지였으리라……. 그래서 우리 시대의 12가지 문제점은 거의 찌그러진 형태의 수많은 영상으로 압축되어 있다.

이렇게 해서 괴테의 희곡 『파우스트』는 백남준의 비디오 아트 「나의 파우스트」로 환생한다. 그러나 그 환생에는 고전주의의 내러티브(narrative)가 포스트모더니즘의 해체주의 언어로 대체되는 형식상의 변화를 수반하고 있다. 13편의 「나의 파우스트」 시리즈는 한결같이 TV 스크린의 고립되고 단절된 이미지들이 토막난 언어의 단편들처럼 따로 분리된 채 화려한 고딕의 성체 속에 질서정연하게 갇혀 있음을 볼 수 있다. 이는 한번쯤 고전주의의 형식 속으로 되돌아가 보고자 하는, 그러나 다시는 돌아갈 수 없는 해체된 언어들의 하나되기를 향한 유희적 몸짓으로, 관객으로 하여금 모종의 감미로운 향수마저 느끼게 한다.

이렇듯 고전주의에서 포스트모던까지 세상의 모든 경험이 펼쳐내는 시간과 공간의 어우러짐으로 「나의 파우스트」는 탄생된 것이다. 또한 「나의 파우스트」라는 제목이 암시하듯이, 그리고 '자서전'이란 마지막 채널의 메시지가 말해 주듯이, 이 13편에 달하는 장대한 비디오 설치물 시리즈는 한반도에서 태어나 세계 곳곳을 배회하며 예술과 인생의 경험을 다져온 백남준 자신의 이야기이기도 하다. 그는 파우스트의 인생역정을 통해 자기 자신의 이야기를 하고 있었던 것이다.

예술놀이

장 폴 파르지에(Jean Paul Fargier)는 이러한 백남준 예술의 특성을 '이중(le double)'이란 개념으로 풀이하고 있다. 이와 같은 중복의 시대, 풍자적 모방의 시대는 '저자의 죽음'을 선언하며 데리다가 말하는 텍스트 간의 상호관계성(intertextuality)이 '완전의 진리'를 대체한다.

저자의 죽음은 저자와 독자(혹은 작가와 관객) 간의 끝없는 상호텍스트성을 낳는다. 끝내 멈추기를 거부했던 파우스트처럼, 이야기는 이야기를 낳고 이미지는 이미지를 낳고 텍스트는 또다른 텍스트를 낳는다.

이제 파우스트는 더 이상 괴테의 것이 아니다.

이제 비디오 아트는 더 이상 백남준의 것이 아니다.

# 4.

## 침묵에서 소통으로 – 존 케이지와 백남준의 예술세계

　존 케이지(John Cage)가 현대 미술에 끼친 영향 가운데 가장 중요한 것은 우연과 불확정성의 개념을 예술의 영역에 도입한 것이다. 케이지의 예술에 있어서 불확정성의 개념을 음의 세계에 도입한 것은 서구 합리주의와 결정론적 우주관에 대한 비판의식의 예술적, 엄밀히 말해 음악적 표현이었다고 할 수 있다. 한마디로 케이지는 음(音)의 해체주의자였다. 그는 서양 전통음악의 검은 음표들 사이에 숨죽여 은폐되어 있는 숨은 음들을 불러내었다.

　　우리가 살면서 가장 많이 듣는 것은 음악이 아닌 소음이다. 우리에게 가장 가까운 소음을 무시한다면 오히려 소음이 우리를 방해할 것이다. 그러나 우리가 소음에 귀를 기울이면 그 또한 매력적임을 느낄 것이다.

그리하여 케이지는 자신의 혁명적 생각을 그대로 작품에 옮겨 놓는다. 그는 나사, 플라스틱, 나무 조각 등을 이용한 '조정된 피아노(Prepared piano)'를 사용하는가 하면 무대 위에서 호루라기를 불고 톱으로 연주하기도 하였다. 그는 모든 소리가 음악이 될 수 있다는 신념을 가지고 어떤 소리도 그의 음악 안에 들어가게 하였다. 누가 기침을 하면 그것도 그의 작품의 일부가 되었다. 그리고 음의 절정을 향한 일정한 전개의 법칙과 모든 고전적 진행을 무시해 버렸다. 따라서 그의 음악세계는 지루할 정도로 차분하고 밋밋한 선(禪)의 경지를 보여 주게 되는 것이다.

그런가 하면 그는 음의 불확정성을 이루는 우연작동법(chance operation)의 창출을 위해 『주역(周易)』을 사용하기도 한다. 케이지는 『주역』을 길잡이로 하여 동전이나 숫자가 적힌 막대기를 던져 그 우연적 결과로 곡을 만들어 나갔다.

이러한 불확정성 음악은 비의도적이려는 의도 외에는 아무런 의도도 없이 만든 목적적 무목적성의 음악이기 때문에 완성보다는 과정에 치중한다. 그리하여 그의 음악은 상징적 내용도 형식적 중추도 없이 시작도 끝도 없는 미완성의 복수적 혼합물이 되는 것이다.

결국 이 같은 '작가의 침묵'은 '관객들의 해석'으로 대체되고 만다. 관객들의 제각기 다른 해석은 해석의 해석을 낳고 이 해석은 다시 해석의 해석으로 꼬리를 물고 이어질 뿐 어느 누구도 정확한 해석을 내리지는 못한다. 아니, 정확한 해석이란 처음부터 존재하지 않았다.

'흔적의 흔적인 그런 차연에서 모든 의미는 해석의 해석, 또 이 해석의 해석에 지나지 않는다. 텍스트의 저자가 동시에 독자가 되는 그런 주고받음의 세계에서 불확정성은 곧 텍스트가 끝없는 놀이임을 알린다.'

해석과 해석에 의해 끝없이 펼쳐지는 불확정성의 세계, 이는 분명 '놀이'에 다름 아니다. 결국 케이지의 불확정성은 결과적으로 그의 작품세계에 있어서 '관객의 참여'를 불가피한 요소로 만들게 되는 것이다. 케이지가 이루어 놓은 이와 같은 불확정성의 세계는 백남준의 예술에 지대한 영향을 끼치게 된다.

> 나는 존재하지 않는 소리를 찾고 있었다. 나의 스승은 내가 원하는 음은 음표들 사이에 있다고 말했다. 그래서 나는 피아노 두 대를 사서 각 피아노의 음이 서로 어긋나게 조율하였다.
>
> — 백남준

그의 전공분야이기도 한 서양의 전통음악에 염증을 느껴 무언가 색다르고 실험적인 신음악을 추구하던 백남준에게 있어서 케이지와의 조우(遭遇)는 그의 인생의 지침을 바꿔 놓은 운명적인 만남이었다. 그러나 백남준은 스승인 케이지와는 사뭇 다른 양상으로 불확정성의 세계를 펼쳐 나간다. 그는 케이지의 해체적 음악세계와 반예술적 선동이 종합된 기상천외한 행위 음악세계를 선보이게 되는 것이다.

'공연에서 그는 신체를 음악기의 상징과 연장으로 사용했다. 또한 소음 발생기, 시계, 가전기기 등으로 장식된 이른바 '준비된 피아노'들을 창출해 낸 그는 깨고 부수는 등 피아노를 거칠게 다룸으로써 극도의 이상한 소리를 얻기도 했다.'

그의 이러한 극단적 행위는 전통예술의 권위에 대한 도전, 즉 다다적 선동인 동시에 관객 참여를 꾀하기 위한 충격요법이기도 했다. 케이지가 '침묵의 소리'로 관객의 참여를 불러일으켰다면 백남준은 보다 적극적인 제스처로 관객을 이끌어 자신의 작품 속에 합류시킨다.

통상 음악회에서는 소리가 움직이고 관객은 공격당한다. 나의 작품 「방 스무 개를 위한 교향곡」에서는 소리도 움직이고 관객도 움직인다. 「버스음악 제1번」에서는 소리가 앉아 있고 관객이 소리를 찾아간다. 「음악의 전시회」에서는 관객이 소리를 만든다. 길거리에서 공연되었던 「움직이는 극장」에서는 소리가 길거리를 돌아다니고 관객은 우연히 그 소리를 만난다. ― 백남준

관람객은 그들이 원하는 어느 시점,
어느 장소에도 들어갈 수 있고 또 떠날 수 있다.

이제 백남준은 케이지의 넥타이를 자른다. (백남준의 퍼포먼스 중 한 장면)

데리다가 그의 철학적 모태가 되었던 소쉬르와 하이데거를 해체하였듯
이 백남준 또한 스승의 영향력으로부터 독립을 선언하는 의식행위가 필요
했는지도 모른다. 케이지가 이룩해 놓은 불확정성의 개념은 백남준의 예술
세계를 소통과 참여의 대해(大海)로 이어주는 다리 역할을 해 준 셈이었다.
불확정성이 케이지의 정체성이었다면 백남준의 정체성은 '참여와 소통'에
있는 것이다.

예술에 있어서의 불확정성의 개념은 관객으로 하여금 단순히 바라보는
관객이 아닌 '참여자'로서의 관객으로 의미 전환을 이루어 놓았다. 무엇보
다도 불확정성이 강하게 '관객 참여'를 유도한 것은 TV라는 전자매체가

예술세계에 도입되면서부터이다.

비디오 아트는 TV라는 전자매체가 가지는 속성상 끊임없이 변형하는 이미지의 불확정성을 내포하게 된다. 백남준은 이러한 TV의 특성을 가변적인 성질로 규정하고, 그러한 가변성은 '관객의 해석'이 가해짐으로써 안정될 수 있다고 주장한다.

전자의 흐름으로 불확정성을 수반하는 비디오 이미지는 관객에게 새로운 지각적 경험을 주게 된다. 관객은 스스로의 지각방식을 변화시킴으로써 이미지를 인식하고 비디오 이미지는 다시 새로운 자극을 만들어 관객의 지각을 유도한다. 비디오 이미지는 단지 바라보는 관조의 대상으로만 존재하는 것이 아니라 활성적인 대상, 즉 또 하나의 주체가 되어 관객과 상호소통을 이루는 것이다.

더구나 여러 대의 TV 수상기에서 각각 다른 이미지를 동시에 보여 주는 비디오 작품 앞에 서면 무엇을 보고 무엇을 보지 않을 것인가, 아니면 무엇을 먼저 보고 무엇을 나중에 볼 것인가 하는 문제는 전적으로 관객의 의지에 달려있는 듯하다. '관람객은 그들이 원하는 어느 시점, 어느 장소에도 들어갈 수 있고 또 떠날 수 있을 것이다.' 그러나 TV 또한 단순한 정적(靜的) 대상은 아니다. 끊임없이 자신을 죽이고 또다른 이미지를 살려냄으로써 쉴새없이 관객의 중추신경을 자극한다. 결국 TV와 관객은 자극과 인식을 주고받는 상호작용을 통해 시시각각 새로운 작품을 만들어 간다. 매순간 새로운 작품이 탄생하고 또 매순간 사라져 간다.

이렇게…… 탄생과 죽음의 순환과 얽힘, 그 사이에 비디오 아트가 존재한다.

# 5.

## 죽음과 삶의 피라미드 혹은 비라미드 (1) : <u>피라미드의 비밀</u>

differance 의 a는 무덤처럼 조용하게 은밀히 그리고 신중하게
남아 있다.

차연(差延)—differance의 a를 대문자로 쓰면 A가 된다. 이 대문자 A는
마치 피라미드의 외양을 연상케 한다. 또한 차연-differance는 차이라는
뜻을 가진 difference와 불어상으로 똑같이 '디페랑스'로 발음된다. 따라
서 differance의 철자 a는 전혀 들리지 않는다. 마치 피라미드처럼 조용하
고 적막하다.

'피라미드는 사자(死者)의 주검을 안장하는 무덤인 동시에 새로운 삶의
탄생을 기다리는 회생(回生)의 장소이기도 하다. 죽음이 삶과의 차이(差異)
로, 삶이 죽음의 연기(延期)로 공존하는 '차연(差延)'의 의미를 신화로 간직
한 곳……'

기자(Giza)의 피라미드

이번에는 역사 속 깊이 차연의 신화를 간직하고 있는 이집트로 여행을 떠나 보기로 한다.

## 피라미드의 비밀

고대 이집트인들은 지상에서의 제한된 삶을 마친 뒤에는 다시 제 2의 인생이라 할 수 있는 영원한 삶이 시작된다고 믿었다. 이러한 이집트인들의 영혼불멸 사상과 내세관은 그들만의 독특한 매장 풍습을 낳게 되었는데, 피라미드의 축조와 미이라의 제조가 바로 그것이다.

피라미드의 주인공, 즉 고대 이집트의 왕이란 태양신의 아들로 지상에 태어나서 죽으면 저승신이 된다는 다름 아닌 신 그 자체였다. (왕을 지칭하는 파라오는 바로 '살아있는 신'이라는 뜻이다.) 그러므로 당시 파라오의 권력이란 무소불위(無所不爲), 절대적인 것이었다.

최대 높이 146m, 가로세로 230㎡에 이르는 가공할 피라미드의 축조야 말로 당시 파라오의 절대권력의 상징물이라 할 수 있는 것이다. 이렇듯 거대한 피라미드의 축조는 사왕(死王)들이 하늘로 승천하는 것을 돕기 위한 '승천의 사다리'인 동시에 영원한 삶의 터전인 '사후의 주거지'라는 이중의 의미가 담겨 있다. 그래서 피라미드의 외양은 하늘에 닿을 듯이 높고, 피라미드의 내부는 안락한 삶을 영위하기 위한 온갖 부장품들로 그득하게 채워져 있는 것이다.

　　그러나 왕들이 사후에도 계속 살아가기 위해서는 피라미드의 축조만으로는 충분치 않았다. 영혼이 깃들 육체가 온전히 보존되어야만 비로소 영원한 생명을 보장받을 수 있었던 것이다. 그리하여 왕들의 시신은 영원히 썩지 않는 미이라로 만들어져 피라미드 안에 영구히 보존되었다.

　　모든 역사의 시원에는 신화가 있다. 이집트인들이 처음 미이라를 만들기 시작한 데에도 한 가지 중요한 기원 설화가 얽혀 있다.

　　지금부터 그 이야기를 하기로 한다. 그런데…….

　　그 설화의 한 자락을 나일강의 어머니가 들려준다고 상상해 보자.

　　건조한 문구의 나열보다 한결 분위기가 살아나지 않겠는가?


## 미이라의 전설~ ~

　　고대 이집트는 다신교 사회로 무수히 많은 신들을 섬겼단다. 고대사회가 공통적으로 그러했듯이 이집트인들도 우주와 자연현상 하나하나에 제각기 다른 신들을 두어 섬겼는데 그 중 가장 큰 신은 태양신인 아몬 라

피라미드 내부 벽화
이집트인들의 내세관을 잘 반영해 주고 있다.
(오른쪽에 앉아 있는 인물이 오시리스)

(Amon-La)였지.

강한 힘을 가진 태양신 라(La)는 하늘과 비의 여신인 누트와 결혼하여 오시리스라는 아들을 두었단다. 지혜로운 오시리스는 당시 미개하기 짝이 없었던 백성들에게 농사짓는 법을 가르치고 그 밖에 갖가지 생활의 방편들을 가르쳤더란다. 그래서 백성들은 그들의 왕 오시리스를 진심으로 섬기고 복종했지. 그리고 오시리스는 아름다운 누이동생 이시스와 결혼해서 후일 왕권 수호의 신이 될 호루스를 잉태하게 되었어. 그 시절에는 친족 간에 짝을 맺는 게 예사였단다. 특히 왕족 사회에서는 혈통 유지를 위해서 더욱 장려되었었지.

그런데 오시리스에게는 세트라는 모진 남동생도 하나 있었단다. 세트는 형의 왕좌를 가로채기 위해서 호시탐탐 기회를 노렸지. 그러던 어느 날 마침내 간교한 꾀를 내어 형을 살해하고는 궤짝에 넣은 채로 내 몸(나일강) 속에 던져버렸던 거야.

슬픔에 잠긴 이시스는 몇 날 며칠 밤을 울며 울며 남편의 시체를 찾아 헤매었어. 보다 못한 나는 오시리스의 시체를 그녀에게 건네주었지. 그러나 세트는 다시 그 시신을 **빼앗아** 여러 토막을 내어 천지사방에 흩어 놓았단다. 장례를 치르지 못하게 할 속셈이었지. 장례를 못 치르면 사후에 새 생명을 얻어 부활할 수도 없었으니까. 그러니 얼마나 잔인한 종자인가 말이야, 쯧쯧……. 허나, 이시스는 우여곡절 끝에 남편의 시신들을 모두 찾아내어 조각을 맞추고 미이라로 만들었단다.

미이라를 어떻게 만드는지 궁금하지? 내가 미이라 만드는 법을 알려줄 테니 잘 들어보렴. 우선 시신의 몸 속에서 내장을 모두 꺼내 향료를 바른 후 다시 몸 속에 넣어 잘 꿰맨단다. 그런 다음 시신을 70일 간 천연 소다수에 담갔다가 꺼내서 물로 잘 씻어 말리는 거야. 그렇게 잘 마른 시신을 삼베로 칭칭 감고 그 위에 고무를 발라 마감하면 비로소 미이라가 완성되는 것이지. 잘 만들어진 미이라는 천년만년 썩지 않고 오래오래 남게 된단다.

아무튼 그렇게 미이라로 만들어진 오시리스는 사후에 부활하여 저승신이 되었더란다. 그래서 죽은 사람을 재판하고 땅에서 나는 것들을 관장하며 왕좌를 보호하는 임무를 맡게 되었지. 오늘날 우리가 볼 수 있는 오시리스의 형상들이 미이라의 모습을 하고 있는 것도 다 그런 연유에서란다. 오시리스는 미이라의 시조였던 거야. 그 후 지상의 왕들은 사후 오시리스가 된다는 믿음을 가지게 되었지. 그래서 파라오가 죽으면 장례의식에서 으레 오시리스의 신화를 재연하게 되었던 것이고…….

예술놀이

아! 한 가지 잊은 게 있구나. 훗날 자라서 힘을 키운 호루스는 세트를 죽여 아버지의 원수를 갚고 왕좌에 오르게 되었단다. 악독한 세트는 자신이 저지른 죄의 대가를 톡톡히 받게 되었던 거지.

미이라의 전설은 이렇게 막을 내리고 이야기를 마친 나일강의 어머니는 다시 태고의 침묵 속으로 자신을 담근다. 그런데 죽음과 삶의 예리한 경계면이 두리뭉실 와해된 듯한 이집트인들의 환생의 믿음은 어디서 비롯된 것일까? 이러한 의문의 꼬리는 오묘한 비밀을 간직하고 있는 또 하나의 전설로 우리를 안내하고 있다.

## 환생신화의 기원−태양신의 낮과 밤

세계에서 태양의 수혜를 가장 많이 받고 있는 나라 이집트, 그래서인지 이집트의 최고 신은 태양신 '라(La)'이다.

그런데 매일 저녁 태양은 마치 종말을 고하듯 땅 끝으로 꺼져 들어가서는 새벽이 오면 다시 환생이라도 한 듯 싱싱한 모습으로 솟아오르는 것이 아닌가. 이러한 자연현상은 고대 이집트인들의 상상력을 자극시켜 한 가지 오묘한 신화를 탄생시킨다.

저녁이 되면 가물가물 힘을 잃은 채 땅 속으로 내려가서 아침이 오면 다시 충만한 생명력을 얻어 소생하는 라(La), 도대체 밤사이 지하세계에서는 무슨 일이 일어났던 것일까?

한번 태양신의 뒤를 쫓아 지하여행을 떠나 보기로 하자. 태양신 라(La)는 매일 저녁 서쪽 산 마누(Manu)에서 여행을 시작한다. 그 곳에서 두아트 (Duat)라는 지하세계를 지나 새벽과 함께 동쪽 산 바쿠(Bakhu) 위로 떠오를 때까지, 라(La)는 그 날 하루 지상세계에서 소모해 버린 에너지를 재충전하고 새로 태어날 힘을 얻기 위한 모종의 작업을 비밀리에 거행하고 있었던 것이다.

그런데 그 모종의 작업이란 무엇일까?

쉬잇! 우리는 아주 은밀히 그 비밀스러운 광경을 훔쳐 보아야만 한다.

탄생의 순간이란 항상 조심스러운 법이니까⋯⋯.

아! 저기 온다, 지하세계의 온갖 역경을 헤치고 새로운 탄생의 순간을 맞이하기 위해 온몸으로 다가오는 라(La), 태양신 라(La)는 지하세계의 가장 깊숙한 곳에서 마침내 저승신 오시리스를 만나 신비스러운 하나가 된다. 그렇다, 탄생을 위한 비밀스러운 작업이란 바로 '저승신과의 하나됨'을 의미하는 것이었다.

라(La)는 오시리스가 되고 오시리스는 라(La)가 되는 것이다. 오시리스는 새로 태어날 라(La)의 과거 형태였다. 지하세계 두아트의 가장 깊은 곳에서 최고신의 과거와 미래가 만나 하나가 된 것이다.

『사자(死者)의 서(書)』에는 이 부분에 대해 다음과 같이 적고 있다.

> 나는 어제이며 또한 나는 내일이다.
> 이것은 무엇을 의미하는가?
> 오시리스는 어제이며 라(La)는 내일이다.

동시에 어제이고, 내일이며, 동시에 삶이고, 죽음이다. 이 설명하기 힘든 부분을 어떻게 받아들여야 할까? 이에 대해 네덜란드 학자 크리스텐센이 쓴 『신화의 파피루스』의 한 대목을 살펴보기로 하자.

> 삶과 죽음은 조화될 수 없는 상반된 개념처럼 보인다. 그러나 삶과 죽음은 합쳐져 영원히 지속되는 생명을 만든다. 더 정확히 말하면 삶과 죽음은 상호교류하며 서로를 만들어 낸다. 그리하여 포괄적인 삶이란 삶과 죽음의 총합이다. 이 속에서 적대적인 힘들은 조화를 이루고 각자의 독립성을 버리게 된다.
> 지하세계로 내려갈 때 태양은 죽는 것이 아니라 자신의 생명의 숨겨진 원천에 다다르게 되는 것이다. 그러나 모든 것들은 죽음으로부터 생성된다. 따라서 죽음은 잠재적인 삶으로 여겨지는 것이다. 암흑은 빛의 발상지이며 태양은 암흑에서 새로 솟아날 힘을 찾는다. 절대적인 삶은 죽음의 왕국에 그 본원을 두고 있다.

지상세계에서의 삶과 죽음이란 상호 배타적이고 상반된 개념으로 우리에게 비춰진다. 삶은 죽음을 몰아내야만 비로소 삶일 수 있고 죽음 또한 삶이 제거된 상태로만 자신을 드러낼 수 있다. 이처럼 삶과 죽음이란 절대 공존 불가능한 관계로 이해되어질 수밖에 없는 것이다.

그러나 일단 지하세계 두아트로 내려가면 삶과 죽음은 그 칼날 같은 대립면을 지우고 동출이명(同出異名)이며 유무상생(有無相生)하는 도(道)의 세계로 탈바꿈한다.

一陰一陽之謂道

지금 어둡게 하는 것이 이제 밝음을 나타내는 것, 이것이 도
(道)이다.


음과 양 두 극이 역동적으로 순환하며 상생 작용하는 도의 세계……. 이
는 곧 차연의 세계와 일맥상통 하는 부분이기도 하다.

'태양신 라(La)의 지하여행'은 오늘날 '왕가의 계곡'이라 불리는 파라오
들의 무덤 벽면에 아름다운 그림과 상형문자의 파노라마로 남아있다.

태양신 라(La)의 아들로 태어나 죽으면 저승신 오시리스로 환생한다는
이집트 왕, 파라오. 그들의 무덤 피라미드는 다름 아닌 지하세계 두아트의
재현이었다. 삶과 죽음이 서로를 억압하지 않고 배척하지 않으며 상생관계
로 하나되어 새로운 탄생을 기다리는 곳, 그리하여 삶과 죽음이 예리한 경
계면을 허물고, 죽음이 삶과의 '차이'로 삶이 죽음의 '연기'로 공존하는 차
연의 신화를 깊숙이 간직한 곳…….

피라미드는 바로 '차연의 집'인 것이다.

# 6.

죽음과 삶의 피라미드 혹은 비라미드 (2) :
## 파르마콘과 분서갱유 그리고 환생

삶과 죽음, 현실과 꿈, 유와 무, 존재와 부재, 이 모든 상반된 것은 공존 가능한 것일까? 이 물음을 화두처럼 품고 이번에는 2천년 전 중국 땅으로 시간의 화살을 날려 보기로 한다. '동양의 피라미드' 진시황릉을 찾아서…….

중국 역사상 최초로 중원을 통일한 진나라의 시황제(始皇帝), 그는 황제에 즉위한 이래 평생을 통해 두 가지 사업을 추구하였다. 그 하나는 영원한 삶을 열망하여 불로불사약(不老不死藥)을 찾는 것이었고, 다른 하나는 죽음을 대비하여 어마어마한 황릉을 조성하는 것이었다.

'이런 모순이 또 있을까? 한 사람이 동시에 삶과 죽음을 추구하다니……. 어떻게 그럴 수 있을까?'

스스로 궁금증을 풀지 못해 전전긍긍하던 나는 철학아카데미에서 중국 철학을 강의하시는 황희경 선생을 찾아갔다.

"선생님, 합리주의와 신비주의는 공존 가능할까요?"

뜬금없는 물음에 황 선생은 잠시 생각에 잠기는 듯 하더니 이내 그 독특한 제스처(마치 중국 무술을 하는 듯한)를 앞세우며 이렇게 답하는 것이었다.

"에~, 물론이죠. 『한비자』의 「해로(解老)」, 「유로(喩老)」편을 보세요."

"「해로유로」요?"

"아니, 「해로」, 「유로」요."

"아! 예. ^^;; "

도란 만물이 존재하는 근거이며, 모든 이치가 모여서 합쳐진 것이다. 이치란 사물의 갖춰진 모양이고 도는 만물이 성립되는 근본이다. 그래서 '도는 규율이다'라고 했다.

만물에는 저마다 규율이 있으므로 서로 침범할 수 없다. 도는 만물의 각기 다른 규율 모두를 포괄하기 때문에 일정한 모습으로 고정되어 있지 않다. 무릇 도의 실체는 규제를 받지 않으며 형체가 없으면서 부드럽고 연약해, 때를 따르면서 규율과 서로 응한다.   — 「한비자」, 「해로」

해와 달이 널리 비추고, 사계절이 어김없이 운행되고, 구름이 덮이고, 바람이 불듯이 군주는 얄팍한 지혜로 마음을 묶거나 사사로운 욕심으로 자신을 해치지 않는다.

법술(法術)로 혼란을 다스리고, 상과 벌을 통해 옳고 그름을 가려내며, 저울에 무겁고 가벼움을 달아본다. 터럭을 불어 작은 허물을 찾아내지 않으며 때를 씻어내어 찾기 어려운 병까지 찾아내지도 않는다. 먹줄 밖으로 자르지도 않으며 먹줄 안으로 자르지도 않는다. 법의 테두리 밖에서 채근하지도 않으며 법의 테두리 안에서 해이하게 행동하지도 않는다. 이렇듯 정해진 이치를 지키며 자연에 맡겨둔다.　　— 『한비자』, 「대체」

아! 그렇구나. 법가와 도가는 이렇게 만나고 있었구나.

법이란 무엇인가, 법은 인간을 구속하며 그 구속에는 강제력이 따른다. 반면, 도가사상은 어떠한가? 그 근본을 무위자연(無爲自然)에 두고 있지 않은가. 이렇게 전혀 어울릴 것 같지 않은 상반된 개념이 만나서 마치 음악처럼 절묘한 하모니를 이루고 있다니……. 아! 사유의 세계란 참으로 깊고도 오묘하구나. 나는 진시황의 심중을 조금은 이해할 것도 같았다.

'낮에는 눈부신 태양 아래서 『군주론』을, 밤에는 그윽한 달빛 아래서 『황금가지』를 읽으리라…….'

어쨌든 진시황의 이야기를 계속해 보자. 아니, 이것은 진시황의 이야기인 동시에 소크라테스의 이야기이기도 하다.

어떻게 그런 이야기가 가능할까?

한번 곰곰이 생각해 보자. 세상의 모든 이야기들은 상호간에 얽히고설킨 채로 존재하지 않는가? 이 이야기인가 하면 동시에 저 이야기이고, 남의 이야기인가 하면 어느덧 내 이야기가 되고 마는……. 데리다가 말하는 상호텍스트의 세계란 바로 그런 것이다.

세계 안에 나와 남, 주(主)와 객(客)이 따로 없다. 서로가 서로의 꼬리를 물고 뫼비우스의 띠처럼 무시무종(無始無終) 돌고 도는 세계, 바로 차연의 세계이다. 하여, 좀 엉뚱한 감이 없지 않지만 글의 제목을 이렇게 붙여 보기로 한다.

## 파르마콘과 분서갱유

옛날 이집트 테베 왕조에 타무스(Thamous)라는 왕이 있었다. 어느 날 학문과 지혜의 신 튜트(Theuth)가 자신이 만든 문자를 타무스 왕에게 보이며 백성들에게 가르칠 것을 권유하였다. 그러나 타무스 왕은 튜트의 제안을 거절하였다. 왜냐하면 말만으로도 통치가 충분하며 만약 문자로 기록을 남길 경우 왕의 권위에 손상을 가져올 수 있다고 생각했기 때문이다.

그러던 어느 해인가, 타무스 왕은 외국여행차 오랜 기간 자리를 비우게 되었다. 그 때 아버지의 왕권을 위임받은 아들 토트(Thoth)가 문자를 발명하여 백성들을 가르치고, 또한 파르마콘(Pharmakon)을 발명하여 병든 백성들을 치유해 주었다.

그런데 파르마콘이란 참으로 묘한 것이어서 사람을 치료하는 '약'이면서 동시에 사람을 죽게 하는 '독'이 되기도 하였다. (생각해 보면 오늘날의 대부분의 약도 파르마콘이 아닌가 생각된다.)

플라톤의 「파이드로스(Phaedrus)」편을 보면 소크라테스가 문자의 해독성(害毒性)을 파르마콘에 비유하는 대목이 나온다. 소크라테스는 문자를 생명력이 없는 기술(記述)에 불과한 것으로 보아 문필가들(당시 소피스트들)을 천시했었다고 하는데, 그가 주장하는 '진정한 학문'이란 '인간의 내면에서 우러나는 영혼의 소리를 현장에서 직접 들을 수 있어야 한다'는 것이었다. 그가 한 줄의 글도 남기지 않은 이유가 바로 여기에 있다.

진리가 '아버지'라면 말은 항상 아버지와 함께 하며 아버지를 온전히 드러내 주는 '충성스러운 아들'이다. 반면, 문자는 아버지가 필요 없는 '사생아'나 '고아'이다. 또한 아버지 없는 곳에서 아버지를 대신하는 '위험한 보충'이자 '나쁜 아들'이다. 아버지인 진리를 해칠 수도 있고 일그러뜨릴 수도 있는……. 그런 의미에서 문자는 '독'이다. 그러나 문자는 진리의 기억을 영구히 보존할 수 있으므로 '약'으로도 작용한다. '독'이면서 동시에 '약'이 되는 문자.

그래서 데리다는 타무스 왕의 아들 토트가 '문자의 신'인 동시에 '파르마콘의 신'이 되는 사실을 의미심장하게 지적하고 있는 것이다. 약이자 독, 삶이자 죽음, 축복이자 저주의 파르마콘의 논리는 바로 차연의 논리가 되는 것이다.

이제 우리는 '파르마콘의 양면성'을 의식 속에 단단히 잡아둔 채 비슷한 시기 중국 땅으로 공간 이동을 시도해 보기로 한다.

주(周)나라가 제후들에 대한 통치권을 상실한 주 말기부터 진(秦)나라 시황제(始皇帝)가 황제의 자리에 오르기까지 500년 간의 혼란기를 우리는 춘추전국시대(春秋戰國時代)라고 부른다. 이 때는 힘 좀 있다 하는 제후들 간에 저마다 패자(覇者)로 군림하기 위해 치열한 각축전을 벌이던 시기로 무엇보다도 강력한 중앙집권 체제가 절실히 요구되던 때였다.

그러나 당시 자유사상가들인 제자백가(諸子百家)의 이론으로는 강력한 지배와 통치의 기틀을 마련하기 어려웠다. 하여 보다 구체적이고 실천적 대안의 필요성은 시대의 요구에 부응하는 일련의 법술지사(法術之士 : 나라를 다스리는 법을 아는 인재)를 낳게 된다. 이른바 오늘날 법가(法家)라 불리는 사상가들이 등장하게 된 것이다.

진시황 역시 통일 과업의 달성과 강력한 통치체제를 갖추기 위해 법가의 현실주의 정책이론을 수용하게 된다. 혼란기 정부의 중앙통치를 위해서는 엄격한 법의 적용이 무엇보다도 절실했던 것이다. 특히 통치자가 통치력을 완전히 장악하는 방법은 엄격한 법의 적용뿐이라며 법의 절대성을 강력히 주장한 한비(韓非)의 이론을 진나라 정권지도의 원칙으로 하여 천하통일의 기반으로 삼았다.

한비는 약육강식의 원칙이 지배하는 국제관계에서 멸망하지 않고 살아남기 위해서는 부국강병을 가장 중요시 해야 한다고 보았다. 그러기 위해서는 군주가 권세를 쥐고 법을 시행해야 하며 술(術)로써 신하들을 조종하여 군주의 위치를 공고히 해야 한다는 것이었다.

이렇듯 법과 술을 중시하는 한비의 사상은 제자백가 중에서도 덕(德)과 인의(仁義)를 숭앙하는 유가(儒家)와 가장 크게 대립될 수밖에 없었다.

한비자는 말한다.

군주에게 있어서 위험한 것은 사람을 신용하는 일이다. 사람을 신용하는 자는 사람으로부터 지배를 받는다. 따라서 군주는 법에 의해서 관리의 권한을 억제함과 동시에 그들을 사용하여 민중을 다스리게 해야 할 것이다.

예술놀이

이처럼 극단적인 한비의 논리는 사상통제의 당위성을 낳게 되고 훗날 시황제에게 영향을 주어 분서갱유의 사상적 근거로 작용하게 된다.

> 현명한 군주가 지배하는 나라에는 간(簡 : 죽간, 목간)에 쓰인 성
> 인의 말 따위는 필요치 않다. 법률에 의해서 백성을 교육하면 족
> 하다. 상고(上古)의 성인의 말 따위는 필요치 않다. 관리를 백성
> 의 교사로 삼으면 된다.

당시 시황제에게 있어서 유가사상이란 '파르마콘'과도 같은 것이었으리라. 유가의 덕치사상은 치세(治世)에서는 더할 나위 없이 유용한 '약'으로 작용하지만 난세(亂世)에서는 강력한 국가행정에 걸림돌이 되는 '독'으로 작용했던 것이다. 적어도 진시황의 견해로는 그러했다.

기원전 213년, 진시황은 마침내 분서갱유를 단행하기에 이른다. 『시경(詩經)』, 『서경(書經)』 및 제자백가의 책을 모두 불태우고[분서(焚書)], 460여 명에 이르는 유생들을 생매장하였던 것이다.[갱유(坑儒)]

> 실용성 있는 의학, 역학, 농사에 관계된 서적 이외의 모든 책을
> 불사르고 옛 것을 들먹이며 현실을 비방하는 자들은 삼족을 멸하
> 라!

그러나 진시황의 결정적인 실책은 바로 거기에 있었다. 파르마콘의 양면성을 간과하고 만 것이다. 파르마콘의 '독'과 '약'은 종이의 양면과도 같아

서 어느 한쪽만을 선택해서 취할 수 없다. '독'의 제거는 동시에 '약'의 제거가 되는 것이다. 결국 덕치가 배제된 법술은 폭정으로 치닫게 되고 백성들의 심중에는 원한의 싹이 자라나기 시작했다. 진나라 멸망의 씨앗은 이렇게 뿌려지고 있었던 것이다.

소크라테스가 파르마코스(무당, 점쟁이, 사이비 의술사 등)로 낙인 찍혀 독잔을 마셔야 했듯이 진시황은 '희대의 폭군'이라는 역사적 오명을 쓴 채, 풀 수 없는 역사의 구멍 속으로 사라져야 했다. 오늘날 진시황에 대한 평가는 양 극을 달리고 있다. 통일의 영웅이자 희대의 폭군 진시황 또한 '파르마콘' 그 자체가 아니었을까?

이제 동양의 피라미드, 진시황릉으로 발길을 옮겨 보자. 치열했던 역사의 뒤안길에 남은 것은 유적뿐이로구나. 우리는 그저 느긋하게 남겨진 옛 것들을 감상하고 즐기면 그 뿐.

지금은 학계와 예술계의 중대한 사료로서, 당국에 엄청난 소득을 안겨다 준 관광사업의 일환으로서 더할 나위 없는 약으로 작용하고 있지만 그 당시에는 백성들의 고혈을 짜내 이룩한 독 그 자체였으리라.

거의 작은 산만한 황릉을 둘러보면서 나는 다시금 묘한 아이러니를 느낀다.

이건 비극일까, 희극일까? 아니다! 역사는 비극도 희극도 아닌 파르마콘의 논리, 차연의 논리이다.

## 그리고 …… 환생

이제 환생을 이야기할 시간이 되었다.

고대의 뽀얀 흙먼지 속에 정중히 누워 있는 시간의 화살을 거두어 다시 까마득한 현대를 향해 쏘아 본다.

핑~, 탁!

정신을 가다듬고 우선 이 곳의 시간과 공간을 체크해 보자.

1982년, 미국의 위트니 미술관.

그런데 눈앞에서 혼을 빼듯 난리굿을 쳐대는, 저 정신 사나운 물상의 정체는 무엇인가?

비디오 아트(Video Art).

48개의 크고 작은 TV 수상기를 쌓아 비디오 피라미드를 만들어 놓았다. 이름하여 비라미드(V-yramid : Video와 Pyramid의 합성어이다.). 한국의 비디오 아티스트 백남준의 작품이다.

세 개의 서로 다른 테이프를 통해 펼쳐지는 다양한 내용의 혼재(混在)는 비디오 피라미드(V-yramid)의 외관을 온통 화려하고 다이나믹한 이미지로 뒤덮는다.

시시각각 변화하고, 꿈틀대고, 발광(發光)하는 피라미드……. 한마디로 거대한 '전자 생명체'를 이루어 놓았다고 표현해야 하리라. 이 압도적인 전자 환영(幻影) 속에서 관중은 눈으로 보기보다 몸으로 느끼는 새로운 지각형태를 체험하게 된다.


아! 환생이로구나, 환생이야. 드디어 환생의 역사가 시작된 거야!

마침내 수천 년 간 고대인의 염원이 깃든 환생의 신화는 20세기 끝자락에서 비디오라는 '미디어 메시아(Media Messiah)'를 만나게 된 것이다.

무덤 속의 사왕(死王)들이 죽음을 담보로 한 삶의 기나긴 유예(猶豫)와 연기(延期)의 상태를 끝내고 무덤 밖으로 뛰쳐나오기 시작한다. 쿠푸왕도 진시황도 모두 새 생명을 얻어 환생한다. 그러나 그들의 환생은 수천 년 전 고대인들이 꿈꿔왔던 그런 환생은 아니다. 그들의 환생은 '시뮬레이션(simulation)'의 환생이다.

> 차연은 흔적의 구조와 흔적의 힘이기에 그것은 있는 것도 없는 것도 아닌 하나의 환영과 같다.

하이테크놀러지를 매체로 하여 태어나는 환생, 시뮬레이션은 '포스트모던적 환생'이라 할 수 있다. 그리고 이런 환생은 실제보다 더욱 실제적으로 우리에게 다가온다. 아니, 우리를 지배한다!

예술을 이야기하다

김숙경    철학자 들뢰즈는 예술을 창조하는 행위는 '저항'하는 행위이며, 저항하는 행위는 바로 '생을 해방하는 것'이라 했습니다. 그래서 예술가를 '생을 해방하는 자'라 부르기도 했습니다. 다소 거창하게 들리기도 하겠습니다만 그만큼 이 시대가 예술에 거는 기대가 크고 다른 무엇보다도 예술의 힘을 절실히 필요로 함을 뜻하는 것이 아닌가 합니다.

   제 개인적으로 해체주의는 예술장르에서 가장 돋보이는 이론이 아닐까 하는 생각을 해보았습니다. 그것은 예술이라는 장르가 포용할 수 있는 세계가 무한히 크고 방대하며 그런 만큼 다양하고 자유로운 발상과 전개가 얼마든지 가능한 분야이기 때문입니다. 특히 예술은 보편성을 거부하고 개개인의 독특한 경험의 세계를 중시하는 경향이 강합니다. 예술은 언어적, 시각적, 청각적 이미지를 통해 만들어지는 것이어서 근본적으로 동일성이 아닌 차이를 추구하기 때문입니다. 그런 의미에서 해체주의가 가지는 장점이 최대한 발휘되고 활짝 꽃피울 수 있는 장르가 바로 예술이 아닌가 생각되었던 것이지요.

예술의 세계에서 해체주의적 특성이라 할 수 있는 불확정성의 개념은 중심의 해체와 장르 간의 와해, 즉 탈(脫)장르로 나타나게 됩니다. 이미 예술을 규정짓는 기준으로서의 잣대를 상실한 것은 오래 전 금세기 초엽의 일이고, 오늘날은 이것이 예술이냐 아니냐를 물을 수 없을 정도로 예술을 바라보는 시야의 폭은 넓어졌습니다. 그런가 하면 예술의 각 장르가 그 벽을 허물고 서로 뒤섞이는가 하면 각각 장르의 내부에서조차 다양한 형태의 와해적 경향을 보이기도 합니다.

또 하나의 괄목할 만한 현상은 작가와 관객 또는 저자와 독자 간의 경계를 무너뜨린다는 것입니다. 작품에 있어서 주체와 객체의 구분은 모호해지고 고정된 하나의 답 대신 무한한 해석의 가능성을 열어 놓습니다. 그리하여 작가와 관객, 저자와 독자는 상호작용에 의해 무한히 다양한 작품들을 만들어 가게 되는 것이지요.

해체주의 예술의 세계에서 모든 예술작품은 더 이상 고정된 하나의 의미를 갖는 것이 아니며 작가 한 사람에 의해 만들어지는 것도 아닙니다.


각묵 스님　　현대 예술의 세계도 여지없이 연기의 법칙이 적용되는군요.

말씀하신 해체주의 예술에서의 탈장르니 상호텍스트성이니 하는 용어는 화엄의 법계연기, 즉 현상 세계의 모든 존재가 걸림 없이 넘나들고 서로서로 용납하여 끝없는 중중무진의 세계를 이룬다는 의미의 '사사무애(事事

無碍)'와 통할 것 같습니다.

화엄세계는 머릿속에 떠오르는 이미지만으로도 예술세계와 밀접하게 통하지 않나 생각됩니다. 화엄세계야말로 예술의 극치라고 표현해도 좋을 만큼 그 수식이 화려하고 아름답기 때문이지요. 화엄(華嚴)이란 말 자체도 부처님의 세계를 꽃으로 장엄하게 꾸민다는 뜻이니까요. 그런 의미에서 화엄세계를 연화장세계라고도 부릅니다.

화엄경에서 이 연화장세계를 묘사해 놓은 부분을 보면 그 문체가 어느 문학작품에 견주어 손색이 없을 만큼 미려합니다. 그야말로 예술이지요. (웃음)

김숙경 　정말 그런 것 같습니다. 저는 '수다나의 탑(塔)' 이야기나 제석천궁의 '인드라망(網)'을 묘사해 놓은 부분도 매우 환상적이라는 느낌을 받았습니다.

그런데 화엄사상을 논할 때 일면으로 서양 전통 형이상학의 중심주의가 내세우는 '거대 담론'의 이미지를 지울 수 없다는 느낌을 받기도 합니다. 화엄의 일진법계(一眞法界)에 관한 말씀인데요, 이는 생멸변화하는 세상의 이면에 만법을 주관하는 절대적 존재, 즉 참된 하나의 세계가 있음을 뜻함이 아닙니까?

그런 면에서 볼 때, 화엄사상은 해체라기보다는 오히려 중심주의에 가깝지 않나 하는 생각을 해보았습니다만……

각묵 스님 　근본적으로 화엄 법계연기에서 그 기반을 이루는 것은 연기입니다. 그런데 연기란 결국 무엇입니까? 연기한다는 것은 불변하는 실체가 없다는 것입니다. 따라서 철저한 자아의 해체 없이 법계연기를 제대로 이해한다는 것은 불가능한 이야기라고 봅니다.

물론 북방불교가 중국에서 정착하는 토착화 과정에서 기존의 유교나 도교와 결합되어 윤색된 부분도 없지 않았고, 전제군주시대라는 당시의 시대적 배경도 크게 한몫 했을 것으로 봅니다. 화엄종이 성립된 시기 당(唐) 왕조의 절대적 지배권에 상응하는 부분이 분명 있었을 테니까요.

법은 무형(無形)이므로 담기는 그릇의 모양에 따라 달리 보인다는 점도 결코 배제할 수는 없을 것입니다. 그렇다고 할 때 우리는 우리 시대의 그릇이 어떤 형태를 요구하는지도 깊이 생각해 보아야 할 것입니다. 우리가 살고있는 이 시대가 전제군주시대는 분명 아니지 않습니까?

고도로 발달한 기계문명과 물질문명, 그리고 그에 따른 생명파괴가 심각한 문제로 떠오르고 있는 오늘날에 있어서 무엇보다도 절실히 요구되고 있는 것은 '화엄의 실천'이라고 생각합니다.

# 폭력의 구조

내 친구 J는 남다른 기억을 가지고 있다. 평소에 좀처럼 신변 이야기를 하지 않던 J가 어느 날 자신의 이야기를 하기 시작했다. 여간해서 아무나 경험하기 힘든 일, 그러나 누구에게든지 일어날 수 있는 일. 도대체 J에게 무슨 일이 있었던 걸까?

J의 이야기를 직접 들어보기로 하자.

## 기차가 있는 풍경

과거의 기억들이란 대체로 시간의 흐름에 따라 차츰 생기를 잃어 가게 되는 게 보통이지. 때때로 조각난 기억의 편린들이 한껏 모서리를 세우고 현재의 시간 위에 제 형상을 그어 보기도 하지만 현실이라는 단단한 육질은 과거의 흔적들을 결코 오래도록 제 몸 위에 남겨두지 않아. 그것이 아름답고 기분 좋은 것이건 어둡고 불쾌한 것이건 그것은 이미 현재를 어찌할 힘을 가진 존재가 못 된다는 거지.

하지만 나에겐 시간의 흐름에 따라 쉽사리 잊혀지지 않는 기억이 하나 있어.

아니, 잊혀지기는커녕 시간이 흐를수록 다른 과거의 기억들이 오래된 벽화의 그림처럼 세월의 흐름을 견디지 못해 뿌옇게 제 형상을 잃어가고 있는데도 오히려 그 기억의 풍경만은 비오는 날 저녁 어스름 속에 명멸하는 신호등 불처럼 유독 선명하고 위태롭게 되살아나곤 하는 거야.

그 기억의 풍경화는 내 어릴 적 살던 곳, 어느 도시의 변두리 마을을 배경으로 하고 있어. 그러니까 아직 수도권에 개발의 손길이 미치기 훨씬 전의 일이어서 너른 들판 어디에도 지금처럼 탁하게 시야를 가로막는 아파트의 군상들은 보이지 않아. 드문드문 무리지어 들어선 주택가 주변으로 아무렇게나 널려 있는 공터가 아이들의 유일한 놀이터가 되어 주는, 그 당시 도시의 변두리라면 어디에서나 흔히 볼 수 있는 낯익은 풍경의 한 자락이지. 무엇보다도 그 풍경의 중심이 되는 것은 마을의 외곽을 달리는 철둑길이야.

어느 해 늦은 봄날이었어.

길고 지루하게 일과를 보낸 하루해가 산마루를 넘어가며, 한숨처럼 길게 뻗어 놓은 노을 한 자락이 철로변을 낮게 물들이는 시각, 그리고 곧이어 닥쳐올 음산한 어둠의 색깔이 화면의 가장자리부터 서서히 덧칠해 가기 시작하는 그 시각, 그 풍경 속으로 작은 아이 하나가 걸어가고 있었어. 아니, 아이는 혼자가 아니야. 한 중년의 사내가 그 아이의 어깨를 감싸안고 있었지. 사내는 아이에게 한껏 몸을 구부린 채 무어라 다정스레 말을 건네고 있었어.

아이의 손에는 신문지에 싸여 내용을 짐작할 수 없는 작은 육면체 하나가 들려져 있었지. 바로 그 사내가 들려준 거야. 아이는 무슨 보물이라도 되는 양, 그것을 두 손에 꼬옥 붙들고 있었어. 여덟 살배기 여자 아이의 천진한 두 눈에서는 한 가닥 의심의 빛도 불안의 그림자도 찾아볼 수 없었어. 그저 실체를 알 수 없는 그 네모진 물체에 온 정신이 팔린 채 말 없이 낯선 사내를 따라 걸어가고 있었던 거야.

어느덧 허공을 물들였던 어둠의 색깔이 슬그머니 지상으로 내려와 사방을 분간하기 힘들 정도로 짙어져 있었는데도 아이는 전혀 알아차리지 못하고 있었어. 이윽고 나지막하게 언덕을 이루고 있는 철로변에 다다라서 사내가 문득 걸음을 멈추자 아이는 비로소 눈을 들어 사방을 둘러보았어. 그리고 이미 어둠이 짙게 깔린 외진 곳에 낯선 사내와 자신 이외에는 아무도 없다는 사실을 황망히 깨닫게 되었던 거지.

그제야 어린 가슴에 두려움이 밀려들면서 갑자기 주변의 모든 것이 무섭게 느껴진 아이는 집에 가게 해달라며 울먹였지만 사내는 못 들은 척 오히려 아이의 손에서 거칠게 육면체를 빼앗은 거야. 돌변한 사내의 모습에서 아이는 비로소 깊은 절망감에 빠져들었고, 공포에 떨고 있는 아이의 면전에 으름장을 놓으며 부릅뜬 사내의 두 눈이 어둠 속에서 짐승의 그것처럼 번뜩였어. 아무리 사방을 둘러보아도 그 광기 어린 눈빛으로부터 아이를 구해 줄 희망의 끄나풀은 보이지 않았어.

그 때 멀리서 기차바퀴 소리가 사내의 거친 숨소리처럼 절망적으로 다가오기 시작했어. 아이가 늘 바라보며 즐거워하던 특급열차의 휘황한 불빛도 그 순간만은 아무런 위안도 되어주지 못했지. 아이는 그만 두 눈을 꼭 감고 말았어. 그 순간에 아이가 취할 수 있는 최선의 방어는 눈을 감는 것밖에 없었으니까. 마치 아무것도 보지 않으면 아무 일도 일어나지 않을 것처럼……

그렇게 아이는 기차바퀴가 어린 가슴을 무참히 짓밟고 지나가는 동안 절대로 눈을 뜨지 않았던 거야.


## 작은 풀꽃 이야기

그런데 참 이상한 일이지.

그 날 이후, 그러니까 악몽과도 같았던 그 일이 있은 그 날 이후부터 웬일인지 아이는 문간방 아저씨를 슬금슬금 피해 다니기 시작했어. 문간방 아저씨……. 그래, 어릴 적 아이의 집 문간방에 세들어 살던 아저씨를 식구들은 그렇게 불렀지.

이른 새벽, 그의 홀어머니가 행상을 나가고 나면 문간방 아저씨는 온종일 책상머리에 붙어 앉아 한자투성이의 엄청나게 두꺼운 책들을 뒤적이며 하루해를 보내곤 했어. 그래도 이따금씩 반팔 러닝셔츠 바람으로 안마당에 나와 맨발에 슬리퍼를 꿴 채 맨손 체조도 하고 두 팔을 크게 벌려 심호흡도 하곤 했지. 그러다 툇마루에 걸터앉아 물끄러미 자기를 바라보고 있던 여덟 살배기 여자 아이와 눈이 마주치면 어린아이처럼 입을 크게 벌리고 웃어 보였어.

때로는 손바닥만한 식물도감 책을 들고 나와 아이에게 보여 주기도 했는데, 그 때 책 속의 사진이며 그림들을 일일이 손가락으로 짚어가며 설명해 주던 아저씨의 모습은 어느 때보다도 빛나고 행복해 보였어. 평소에는 늘 창백한 얼굴에 무언가 골똘히 생각에 잠긴 듯 심각한 표정을 하고 있었거든.

문간방 아저씨는 아이에게 손톱보다 더 작은 풀꽃들의 세계를 가르쳐 주었어. 너무나 작아서 잘 보이지도 않는, 그래서 무심코 밟고 지나쳐도 그뿐일, 점 같은 풀꽃들이 저마다 예쁘고 정겨운 자기만의 이름을 가지고 있던 거야. 더욱이 그 이름들만큼이나 다양하고 독특한 서로 다른 모습과 서로 다른 향기를 가지고 있다는 사실은 아이에게는 사뭇 놀라운 것이었지. 그리고 육안으로는 아무리 들여다봐도 똑같이 생긴 냉이와 꽃다지의 차이도 가르쳐 주었어. 그 차이의 비밀은 꽃이 아닌 이파리에 있었어. 알아? 꽃다지의 이파리는 타원형이고 냉이의 이파리는 하트 모양이라는 걸……

어느 날은 애기똥풀의 줄기를 끊어서 그 단면에서 애기 똥처럼 노란 액체가 스며나오는 걸 직접 보여 주기도 했어. 그 때의 신기함이란……. 토끼풀 꽃으로 반지며 목걸이, 화환 같은 것을 근사하게 만들어 준 사람도 바로 문간방 아저씨였지. 그 때 아저씨가 한 말 중에 지금껏 잊혀지지 않는 한마디가 있어.

"작은 꽃일수록 향기가 짙단다."

아이는 도무지 이해할 수가 없었어. 그렇게 꽃들을 좋아하면서도 온종일 좁은 방 안에 틀어박혀 책만 보고 있는 문간방 아저씨를 말이야.

그래서 하루는 이렇게 물어 보았지.

"아저씨는 왜 날마다 재미없는 책만 보세요?"

그러자 아저씨는 잠시 심각한 표정으로 되돌아가더니 "훌륭한 사람이 되려고……" 하면서 쓸쓸한 미소를 흘리는 것이었어.

그런데 왜 그랬을까? 아이가 낯선 사내를 따라 철둑 가에 갔었던 그 날 이후, 아이는 왜 식구들도 친구들도 아닌 하필 문간방 아저씨를 의식하고 눈길조차 마주치길 꺼려했던 것일까? 그건 아이가 어른이 된 지금까지도 정확히 알 수 없는 부분으로 남아 있어. 아니, 곰곰이 생각해 보면 문간방 아저씨는 아마도 아이의 첫사랑이었던 것 같아.

아무튼 문간방 아저씨가 갑자기 이사를 가버린 것은 어쩌면 우연이 아니었는지도 몰라. 그 날 이후 의식적으로 아저씨를 피해 다니기 시작한 아이는 집에 있을 때면 거의 방 밖을 나가지 않았어. 학교를 오고갈 때도 행여 그와 마주칠세라 황급히 문간방 앞을 뛰어서 지나가곤 했지. 화장실에라도 갈 양으로 방문을 열다 마당에 나와 있는 아저씨를 발견하면 화들짝 놀라 방문을 도로 닫아 버렸어. 그럴 때면 무슨 나쁜 짓을 하다 들킨 사람처럼 공연히 가슴이 콩닥콩닥 두방망이질 치곤 했지.

그렇게 어색하고 불편한 하루하루가 지나던 어느 날 갑자기 문간방 아저씨네가 이사를 가고 만 거야. 아저씨가 이사간다는 말을 전해들은 아이는 자신도 모르게 안도의 한숨을 내쉬고 말았어. 무어라 설명하기 힘든 은밀한 압박의 사슬에서 풀려난 듯 묘한 해방감을 맛보고 있었던 거야.

문간방 아저씨가 떠나던 날, 아이는 온종일 방 안에 틀어박혀 어수선한 바깥 소리에 두 귀만 쫑긋이 세우고 있었지. 혹시라도 아저씨가 자신을 찾으면 어쩌나 하는 불안한 마음을 억누르면서 말이야. 그러나 염려했던 일은 끝내 일어나지 않았어. 지금 생각해 보면 그 또한 알 수 없는 일이야. 문간방 아저씨는 어째서 돌변한 아이의 태도에 대해 단 한 번도 적극적인 반응을 보이지 않았던 걸까?

이윽고 이삿짐이 다 나가고 바깥이 잠잠해지자 아이는 비로소 살그머니 방을 빠져나와 문간방으로 가 보았어. 텅 빈 방 안을 기웃거리던 아이는 방 한가운데 무언가 떨어뜨려져 있는 물체를 발견하고는 얼른 들어가 그것을 집어 들었지.

아! 그 순간 아이의 입에서 가는 탄성이 흘러 나왔어. 그것은 문간방 아저씨가 늘 아이에게 보여 주곤 하던 작은 식물도감이었던 거야. 아이는 빈 방 안에 그대로 쪼그리고 앉아 낯익은 책장을 넘기기 시작했어.

꽃다지, 꽃마리, 애기똥풀……. 눈으로 보기만 해도 정겨운 풀꽃들의 이름을 하나하나 입 안으로 읊조리며 책장을 넘기던 아이는 냉이꽃 그림에 이르자 문득 손을 멈추고 하트 모양의 이파리를 물끄러미 바라보았어. 그러자 불현듯 가슴 속이 뻐근해지면서 참을 수 없이 그리움이 밀려들기 시작하는 거야. 다시는 돌아오지도 않고, 돌아갈 수도 없는 날들……. 그리고 그리움은 어느새 서러움으로 북받쳐 올라 아이는 그만 텅 빈 방 안에 엎드린 채 소리죽여 울기 시작했어.

그렇게 얼마를 울었을까……. 아이는 어느 새 잠이 들었었나 봐. 눈을 떴을 땐 이미 방 안에 짙은 어둠이 깔려 있었지. 아이는 황망히 낯선 방 안을 둘러보았어. 그 때 선잠 깬 아이의 눈앞에 펼쳐져 있던 어둠과 낯설음은 깊고 캄캄한 동굴 속처럼 끔찍하게 공포스러운 것이었지. 아이는 진저리를 치며 몸을 떨었어. 그리고 그 깊고 어두운 동굴의 환영은 아이의 가슴 한 켠으로 옮겨와 깊이를 알 수 없는 마음의 동굴로 자리잡게 되었던 거야.

## 무기력에 관한 보고서

그 이후로 나는 똑같은 내용의 꿈을 되풀이해서 꾸곤 해. 그 꿈은 항상 칠흑 같은 어둠으로 시작되곤 하지. 그 어둠 속에서 작은 여자 아이가 나를 향해 걸어오고 있는 거야. 두 손에는 내용을 알 수 없는 육면체 하나를 들고서……. 아이가 가까이 다가올수록 육면체의 표면이 차츰 투명해지는 듯했어. 그러나 그 안을 식별할 수 있을 만큼 가까이 접근해 오면 어디선가 느닷없이 기차가 달려오기 시작하는 거야. 아이는 깜짝 놀라 들고 있던 육면체를 떨어뜨리고, 그와 동시에 나도 그만 꿈에서 깨어나고 말지.

그리고 나면 단 한 가지 생각에 골똘히 빠져들게 돼.

'육면체 안에는 무엇이 들어 있었을까?'

그러나 아무리 생각해 봐도 그 내용을 짐작할 수 없었어. 어떤 날은 하루 종일 그것에 대해 생각한 적도 있어. 밥을 먹을 때도, 길을 걸을 때도, 수업을 들을 때도……. 어디서 무엇을 하고 있어도 그 육면체의 환영은 머릿속을 맴돌며 좀처럼 떠나질 않는 거야. 심한 경우는 온종일 아무것도 하지 않고 방 안에 틀어박혀 오로지 그 육면체만을 생각한 적도 있었어. 그렇게 알 수 없는 육면체의 존재는 점점 가슴 속 깊숙이 자리잡게 되었고 그에 비례해서 나의 몸과 마음은 나날이 황폐해져 가기 시작했던 거야.

지독한 무기력을 경험해 본 적이 있어?

몸과 마음에서 에너지가 몽땅 빠져나가 버린 상태, 그리하여 아무것도, 도저히 아무것도 할 수 없는 상태……. 그 상태에 빠지게 되면 이미 내 몸과 마음의 주인은 내가 아니야. 꼼짝없이 램프의 노예가 되고 마는 거지.

나 이외에 나를 조종하는 알 수 없는 힘을 느껴. 그 힘에 의해 나의 의지는 단단히 결박당하고 의식은 끝을 알 수 없는 심연의 나락으로 한없이 빠져들어 마침내 그 밑바닥에서 질식할 것 같은 어둠과 적막을 만나게 되지.

그 때의 공포를 알까?

한번 무기력의 심연에 빠지게 되면 그 지옥 같은 상태가 몇 날 며칠이고 계속 됐어. 그리고 시간이 흐르면 흐를수록 그 횟수와 기간과 강도가 점점 더해졌지. 그러나 그 상태에 빠져드는 것도 그 상태에서 헤어나는 것도 나의 의지와는 상관없는 듯했어. 불한당처럼 무법자처럼 그렇게 시시때때로 내 안에 침입해서 전신을 옴짝달싹 못하게 옭아매는 무기력의 사슬, 도대체 그 육면체 안에는 무엇이 들어 있었을까?

## 폭력의 구조

"인간의 욕망은 폭력을 발생시킵니다. 갈등과 대립의 절정에서 내부의 폭력에 의해 파멸의 위험이 닥친 공동체의 구성원 모두를 구할 수 있는 단 하나의 가능성은 인간의 공격적인 성향, 즉 폭력 욕구를 하나의 희생물에 집중시키는 것입니다.

희생은 금욕 의지만으로는 이겨낼 수 없는 폭력욕에 배출구를 제공하게 됩니다. 그리하여 희생은 파멸의 위기에서 공동체의 조화와 사회의 통일성을 회복시키게 됩니다. 그런 의미에서 모든 사회질서는 죄 없는 '희생물의 피'에 기초하고 있으며 인간의 역사란 일련의 '린치(私刑)의 역사'에 불과하다고 말할 수도 있습니다. 그러면 이러한 희생물의 공통된 특징은 무엇일까요?"

L 교수는 잠시 말을 멈추고 강의실 안을 한 바퀴 둘러본 다음 천천히 말을 이었어.

"어떠한 경우에도 그것은 분풀이를 할 수 없으며 복수할 수 없습니다. 공동체에 속해 있으면서도 완전히 속해 있지 않은 부류들, 예를 들면 동물, 노예, 부녀자, 불구자, 청소년, 어린아이 ……."

수강생들로 빽빽이 들어찬 강의실 뒤편에서 선 채로 강의를 듣고 있던 나는 갑자기 뱃속 깊은 곳에서부터 뜨거운 덩어리가 가슴을 향해 치밀어 오르는 것을 느꼈어. 나는 어떻게든 그 덩어리를 내리누르려 안간힘을 썼지. 그러자 출구를 차단당한 그것은 가슴 안쪽에서 점점 부풀어 올라 금방이라도 터질 듯이 목구멍을 압박해 오는 게 아니겠어?

더 이상 견딜 수 없어진 나는 허둥지둥 몸을 돌려 출구를 향해 달음질쳤지. 그리고 문을 빠져나가기가 무섭게 강의실 담벼락에 대고 정신없이 게워 내기 시작했어. 몸 속의 뜨거운 덩어리가 입을 통해 모두 빠져나가 버리자 비로소 가슴 속이 조용해지더군. 나는 자신이 토해 놓은 것을 물끄러미 내려다보았어. 그 때 내 몸으로부터 쏟아져 나온 것은 진정 무엇이었을까?

"괜찮아요?"

누군가 곁에 다가와 조심스레 말을 건넸어. 나는 고개만 한 번 끄덕여 주고는 이미 어둠이 깔리기 시작한 거리를 휘청휘청 걷기 시작했어. 방향도 목적지도 없이 무작정 한참을 배회하던 나는 어느 지점에 이르자 문득 발길을 멈추고 황망히 주변을 둘러보았지. 그 순간 나는 온몸이 얼어붙는 것 같았어. 어느새 눈앞에는 낯익은 풍경의 한 자락이 펼쳐지고 있었던 거야.

버려진 타이어와 쓰레기가 뒹구는 그 곳은…… 아아!

또다시 '기차가 있는 풍경.'

차가운 바람 한 자락이 그 풍경 속을 휘젓고 지나갔어. 그 바람을 타고 빈 깡통 하나가 제 존재를 일깨우기라도 하려는 듯 요란한 쇳소리를 내며 제 멋대로 굴러갔지. 그 황량함에 숨이 막힐 것 같았지만 나는 꼼짝 할 수가 없었어. 그저 살 속을 파고드는 이른 봄밤의 날카로운 한기에 온몸을 부르르 떨 뿐이었지.

그 때, 몸서리쳐지는 그 무엇인가가 나를 향해 빠른 속도로 다가오고 있음을 느꼈어. 머리보다, 가슴보다, 몸이 먼저 감지하는 그 공포감……. 아니나 다를까 저만치서 기차가 달려오기 시작하는 거야.

들어 봐! 서슬 퍼런 저 바퀴소리를…….

아아, 이제 다시 쓰러져야 할 시간이야.

나는 머리를 감싸쥔 채 빈 깡통처럼 황량한 철로변을 뒹굴기 시작했어.


## 때로는 텅 빈 것에 관한 이야기

세상은 우연의 장난일까, 필연의 결과일까?

언제부터였는지 몰라. 검은 선글라스의 사내가 내 앞에 다가와 선 것이…….

정말 피할 수 없는 운명이란 존재하는 걸까? 내가 그의 존재를 의식했을 때, 그는 이미 내 앞에 너무 가까이 다가와 있었어. 그리고 그가 내게 길을 물어 왔을 때, 나는 그를 거부할 수 없었지. (거부하지 않은 건지도 모르지만…….)

무심코 길을 일러 주려 집게손가락을 펼쳐 들었던 나는 그만 무력하게 손을 떨구고 말았어. 맹인에게 길을 가르쳐 준다는 게 어디 가당키나 한 일이겠어? 그이 또한 내게 원했던 것은 내심 그런 게 아니었을 거야. 어쩔 수 없이 나는 연인처럼 그의 팔짱을 낀 채 같이 걸을 수밖에 없었지.

삼십대 후반쯤이나 됐을까? 작달막한 체구에 초라한 차림새를 한 그 맹인 사내는 어쩌자고 혼자서 낯선 거리를 더듬고 있었던 걸까? 칠흑같이 검은 선글라스를 쓰고서 하필이면 그 많은 사람들 중에서 내 앞을 가로막고 섰을까?

유년의 어느 늦은 봄날 저녁, 홀연 내게 다가왔던 그 낯선 사내처럼 또다시 내게 알 수 없는 육면체 하나를 쥐어 주려는 것이었을까? 그 때 내 작은 손아귀에 운명처럼 쥐어졌던, 그리하여 어른이 된 지금까지도 뇌리를 온통 차지한 채 사라질 줄 모르고 시시때때로 나를 무기력과 절망의 나락으로 밀어 넣곤 하던 그 작은 육면체 하나……. 도대체 그 안에는 무엇이 들어 있었을까?

생각이 거기에 미치자 사뭇 긴장이 고조되면서 나도 모르게 그만 팔짱 낀 손아귀에 지그시 힘을 주고 말았어. 그 때 시종 말없이 따라 걷던 사내가 입을 열었던 거야.

"마음에 병이 있으시군요."

그러면서 비스듬히 나를 향하는 그의 검은 선글라스에 붉은 노을 한 자락이 비껴 있었어.

그 순간 나는 보았어!

그 노을을 등지고 작은 여자 아이가 나를 향해 걸어오고 있는 것을, 두

예술놀이

손에 작은 육면체 하나를 꼭 쥐고서……. 그 애가 가까이 다가올수록 육면체의 거죽이 차츰 투명해지기 시작했어.

아, 보인다! 드디어 육면체의 안이 보이기 시작했어. 거칠 것 없이 환히 들여다보여. 그런데 그것은 아아! 텅 비어 있었어. 그래! 그 안에는 아무것도 없었던 거야.

"비었군, 비었어……. 비어 있었군……. 비어 있었던 거야!"

나는 그 말만을 되풀이할 뿐, 더 이상 아무 말도 할 수 없었어. 충격적인 것은 사실이었지만 왠지 모든 일들이 현실로부터 아득하게 멀어져 다시 과거의 빛바랜 사진틀 속으로 되돌아가 버린 듯, 한 줌 감정의 동요도 불러일으키지 못하고 있었던 거야.

그래, 과거의 기억들이란 당연히 그래야 마땅하지. 아무렴!

그 때의 기억들, 풍경들, 그리고 남녀노소 여러분, 이제 모두 낡은 사진틀 속으로 다시 돌아가 주시길…….

그리고 모두 그렇게, 조용히, 정중히 낡아가기를……. 부디!

어느덧 우리는 그의 목적지에 다가와 있었어. 나는 꼭 잡았던 그의 팔을 놓아 주었지. 그리고 비로소 나도 나의 길을 갈 수 있었던 거야.


J의 이야기는 끝났다.


지라르(Rene Girard)에 의하면 예수의 등장과 수난으로 인간사회에 더 이상 '희생물'의 필요성은 없어졌다고 본다. 그러나 '폭력과 희생의 역사'는 오늘날에도 여전히 계속되고 있다고 봐야 하지 않을까? 특히 자본주의의 속성상 더욱 그러하다. 무한대의 식욕을 자랑하는 자본의 신은 끝없이 '희생물의 피'를 요구한다. 따라서 인류의 사회질서는 희생물의 피에 기초하고 있다고 본 지라르의 폭력이론은 여전히 유효하다고 보여지는 것이다.

오늘날의 인류는 공동체의 질서 유지를 위해 더 이상 동물을 죽여 번제를 올리지도, 마녀를 잡아 화형에 처하지도 않는다. 그러나 더욱 철저히 은폐되고 치밀하게 구조화된, 그리하여 겉으로 드러나지 않으나 가공할 힘을 지닌, 어쩌면 오늘날 폭력의 구조는 '텅 빈 육면체' 같은 것인지도 모른다.

때로는 텅 빈 것의 힘!

그리고 이 모든 사건의 와중에 무력한 지식인 '문간방 아저씨'가 있다. 그는 사태의 심각성을 인식하고 있었지만 그가 한 일은 고작 책 한 권을 두고 간 것뿐이다. 그나마 그가 떨구고 간 도감 책은 버리고 간 것이었을까? 남기고 간 것이었을까?

이제 보잘것 없는 이 글을 친구 J에게 바친다.

풀꽃같은 우리의 삶을 위하여…….

# 철학놀이

제5장

# 철학놀이

# 1.

## 차연을 찾아서

데리다의 해체철학은 플라톤으로부터 현대에 이르기까지 형이상학이 줄기차게 추구해온 궁극적이고 최종적인 진리의 참 존재에 대한 끊임없는 지향과 물음들을 낱낱이 해체하는 것을 목적으로 하는 철학이다. 그렇다면 플라톤에서 푸코에 이르기까지 철학사의 대부분을 관통하고 있는 해체 무기의 비밀은 과연 무엇인가? (데리다는 푸코가 이성을 비판하면서도 이성 중심의 사유를 벗어나지 못하고 있음을 지적하고 있다. 한 예로 광기는 광기 자체를 말할 수 없으며 '이성의 힘'을 빌어야만 가능하므로 결코 순수한 광기를 논할 수 없다는 모순점을 드러내어 푸코의 주장들을 해체하고 있는 것이다.) 그 비밀을 푸는 열쇠가 바로 '차연(差延)'이다. 이 단어도 개념도 아닌 차연 하나에 해체주의의 모든 비밀이 숨겨져 있는 것이다. 그런데 바로 이 차연이 문제였다.

데리다는 말한다.

'차연을 이해하기 위해서는 내 책을 읽고 또 읽는 수밖에 없다고……'

그래서 읽고 또 읽었다. 그러나 읽으면 읽을수록 의문이 꼬리를 물고, 생각하면 생각할수록 미궁 속으로 빠져드는 기분이었다. 읽고 또 읽다 보면 어렴풋이 의미가 잡힐 듯 하다가도 이내 의미는 연기가 되어 흩어져 버렸다. 이 길로 가면 반드시 차연을 만날 수 있으리라 확신하고 그 자취를 쫓아가다 보면 어느 틈엔가 그 자취는 온데간데없이 사라져 버리기도 했다.

그러던 어느 날은 차연의 의미가 두 손에 잡힐 듯 선명하게 인지되기도 했다. 그러나 그 감격도 잠시 뿐, 다음 날 아침 눈을 떠 보니 어찌된 영문인지 머릿속이 백지장처럼 하얗게 비워져 있었다. 환장할 노릇이었다.

아주 오랜 기억을 뚫고 거의 잊혀져 가는 시 한 구절이 떠오른다.

'그녀의 모습은 좀처럼 볼 수 없어, 아주 맑은 날이면 빠르게 모퉁이를 돌아가는 뒷모습을 잠깐 볼 수 있지…….'

그 후로도 차연과의 숨바꼭질은 계속되었다. 몇 가지 해체 유형들을 골라 공통점을 분석해 보기도 하고, 차연의 은유어들을 모아 놓고 그 단어가 가지는 의미를 비교해 보기도 하고, 학문과 예술의 각 장르를 뒤져서 차연에 비유될 만한 실례들을 찾아보기도 했다. (그래서 얻은 소득이 차후 글쓰기의 소재가 되어 주었다.)

아무튼 내 능력으로 할 수 있는 모든 수단과 방법을 다 동원해서 차연 찾기에 몰두했다. 그러다 문득, 나는 차연과의 숨바꼭질을 그만두었다.

명심하시길…….

우리는 결코 차연을 만나지 못 할 것이다. 차연은 그 자체로 드러나는 실체를 가진 존재가 아니기 때문이다. 차연은 남의 옷을 걸쳐야만 비로소 자신의 윤곽을 드러내는 투명인간과도 같다고 할 수 있다. 은유와 환유와 비유의 온갖 대체(代替) 언어들의 옷 위를 더듬어 우리는 어렴풋이 그 실체를 유추해 볼 수 있을 따름이다.

내가 지금부터 시작하려는 '놀이'는 바로 그런 것들이다. 나는 차연의 투명한 몸뚱이 위에 이것저것 잡다한 옷가지들을 입혀나갈 것이다. 차연을 설명하기 위해서 나는 소쉬르의 기호학이나 하이데거의 존재론을 경유하기보다는 노자의 도(道)를, 하이젠베르크의 불확정성의 원리를, 뫼비우스의 띠를, 그리고 시바의 춤을 이야기할 것이다. 때로는 상대성이론과 화엄사상을, 때로는 양자역학과 비디오 아트를, 때로는 구두끈이론과 문화의 얽힘을 비교하게 될 것이다. 그리고 루소를, 레비스트로스를, 후설을 해체하기보다는 음(音)을, TV를, 진시황릉의 병마용갱을 해체함으로써 데리다 해체무기의 위용을 드러내 보일 것이다.

그러나 재삼 명심하시길…….

'그래도 언젠가는 차연을 만나게 되겠지'라는 기대는 아예 하지 않는 게 좋을 것이다.

도대체 차연이란 무엇인가?

모른다.

그러면 왜 알지도 못하는 차연에 대해 굳이 말하려 하는가?

세상이 온통 그렇기 때문이다.

…… . -.-;

우리가 세상에 대해 얼마나 잘 알고 있는지 한번 시험해 보기로 하자. 누군가 사랑이 무어냐고 묻는다면 어떻게 대답하시겠는가? 가수 나훈아라면 간단히 '눈물의 씨앗'이라고 말하겠지만 의외로 대답하기가 쉽지 않음을 실감하게 될 것이다. 한마디로 답하기 어려울 때 우리는 사전을 찾는다.

> 사랑 : (1) 아끼고 위하여 한없이 베푸는 일 또는 그 마음.
>
> (2) 남녀간에 정을 들여 애틋이 그리는 일 또는 그러한
>
> 상태나 관계. (그 밖에도 많은 뜻을 가지고 있다.)

자, 이제 우리는 사랑이 무엇인지 알 수 있을까?

아니다. 우리는 여전히 그 정확한 뜻을 모르고 있다. 단지 안다는 느낌이 올 뿐이다. 왜 그럴까?

우선 사랑의 정의 (1)을 살펴보자.

사랑 (1)을 이해하기 위해서 우리는 최소한 '아끼다', '위하다', '한없다', '베풀다', '일', '마음' 등의 단어의 뜻을 알아야만 한다.

먼저, '아끼다'의 뜻은 무엇인가?

……?

우리는 또 사전을 찾는다.

'아끼다'에도 여러 개의 뜻이 있지만 그 중 '소중히 여기어 함부로 쓰지 아니하다'를 택하기로 한다. 그런데 여기서도 규정되어야 할 몇 개의 단어들이 보인다. 이 '아끼다'의 뜻을 결정하기 위해서는 적어도 '소중히 여기다'와 '함부로 하다', '쓰다'를 알아야 하고 그래서 우리는 또다시 그 단어들을 찾아야만 한다.

그러나 그 단어들을 찾는다고 해서 곧바로 그 단어들의 뜻이 결정되는 것은 아니다. 새로운 단어를 찾을 때마다 우리는 그 단어를 규정지어야 할

또다른 단어들을 만나게 될 뿐이다. 즉, 우리가 단어를 찾음으로써 알게 되는 것은 결정된 단어의 뜻이 아니라 계속 결정지어 나가야 할 '단어의 무한 연쇄'일 뿐이라는 것이다. 결국 우리는 '사랑'이 무엇인지 끝내 알지 못하게 되고 만다.

어디 사랑뿐이랴……

꽃은? 바람은? 물은? 그러면 비는 왜 오나? 계절은 왜 바뀌지? 우주란 무엇일까? 그리고 인간은? 이 모든 물음에 대해 스스로 묻고 스스로 대답해 보시라.

우리는 차연만을 모르는 게 아니다. 이 세상 전부를 모르고 있다. 단지 알고 있다고 착각하고 있을 뿐이다. 이처럼 우리가 아무것도 알지 못하는 이유는 이 세상에 확정된 것이 아무것도 없기 때문이다. 바로 이러한 불확정성(또는 비결정성)이야말로 차연이 가지는 특성이라 할 수 있겠다.

## 2.

### 차연 읽기 ⑴ : <u>왜 차연인가?</u>

차연(差延: differance)은 사전에서 찾아볼 수 있는 기존의 그런 단어가 아니라 '차이나다'와 '연기하다'의 두 가지 의미를 가진 불어 동사 'differer'를 데리다가 명사화하여 만들어낸 말(造語)이다.

따라서 이 조어 안에는 차이(差異 : defference)와 연기(延期 : delay)의 뜻을 가진 공간적, 시간적 개념이 복합적으로 내재되어 있는데 이를 새로운 말 만들기에 개방적이고 적극적인 일본인들이 두 단어의 앞글자만 따서 차연(差延)이라 번역한 것이다. 그리고 으레 그래 왔듯이 같은 한자권 안에 있는 우리말이 이 단어를 그대로 취해 사용하게 된 것이다.

그러면 왜 데리다는 이런 묘한 조어를 만들어야만 했을까? 그것은 전통 형이상학의 음성 중심주의를 해체하기 위함이다. 데리다는 그의 저서 『그라마톨로지(Grammatology)』에서 말을 글의 우위에 두어온 형이상학의 음성 중심주의의 위계를 전도(顚倒)시켜야 할 것으로 주장하고 있다.

소크라테스는 말에서는 진리가 직접적으로 현전(現前)하나 글에서는 진리와의 직접 대면이 불가능하다 하여 평생을 통해 글을 남기지 않은 것으로 유명하다. 즉 글이라는 이차적 매개 수단을 사용함으로써 진리의 원뜻이 오염되거나 훼손될 것을 우려하였던 것이다.

　그러나 글에 의존하지 않고 어떻게 말의 진리가 온전히 보존될 수 있을까? differance(차연)과 difference(차이)는 불어의 음성상으로 똑같이 '디페랑스'로 발음된다. 음성, 즉 '말'로는 구별이 안 되고 오로지 문자인 '글'로 쓰일 때만 구분이 가능한 것이다. 여기에는 '음성 중심주의'에 대한 상징적인 비판과 함께 말에 대한 글의 우위를 주장하고자 하는 데리다의 숨은 의도가 담겨있는 것이다. 그리고 이는 다시 음성 중심주의와 불가분의 관계를 맺고 있는 형이상학의 온갖 중심주의의 해체로 이어지게 된다.

　이렇게 해서 데리다가 왜 '차연'이라는 조어를 만들어 냈는지 그 이유를 알아보았다. 다음 장에서는 차연이 어떻게 만들어졌는지 그 탄생 경위에 대해 살펴보기로 하겠다.

# 3.

## 차연 읽기 (2) : <u>유목민의 고향</u>

차연은 1968년 데리다가 소쉬르의 언어이론을 연구한 결과 고안해낸 용어이다. 그러므로 데리다의 차연을 이해하기 위해서는 소쉬르의 기호학을 반드시 이해해야만 한다.

아리스토텔레스의 전통 언어사상에 따르면 언어 단위는 하나의 항목(이름)과 하나의 사물(지시대상)의 결합으로 이루어진다고 보았다. 그러므로 전통 언어체계 안에서의 '언어'란 단지 대상을 지시하는 '지시도구'에 불과한 것이었다.

어느 날 쌀가게에 곡식 자루를 가득 실은 트럭이 도착했다. 쌀가게 주인이 종업원에게 지시한다.

"빨간 딱지는 쌀이고 파란 딱지는 보리야. 잘 구분해서 쌓아."

이처럼 언어란 그 자체로는 의미 없는 '딱지'에 불과한 것으로, 지시대상과 결합하여 그 대상을 지칭하는 꼬리표에 다름 아니었다.

어린 시절, 나는 삼라만상에 각각 이름이 붙어 있다는 게 그렇게 신기할 수가 없었다. 그래서 종종 어른들에게 그 이유를 묻곤 했다.

"엄마, 쌀은 왜 쌀이라고 불러?"

때마침 저녁쌀을 씻고 계시던 어머니는 어이가 없다는 듯이 이렇게 대답하는 것이었다.

"쌀이니까 쌀이라고 부르지. 원, 별걸 다 묻네……. -.-;"

'이상하다? 엄마한테는 쌀을 쌀이라고 부르는 게 당연한가 본데 왜 나한테만 이상하게 들리는 걸까?'

아마 여러분들도 어린 시절에 대부분 이런 경험을 했을 것이다. 그래서 어른들로부터 핀잔도 많이 들었을 테고……. 그런데 아이 같은 생각을 계속 유지한 어른도 있었나 보다.

소쉬르는 언어의 의미를 지시대상에서 찾을 수 있다고는 보지 않았다.

'쌀 알갱이에 어디 쌀이라고 쓰여 있기라도 한가? 왜 하필이면 쌀이야? 썰은 어때서…….'

그래서 종래의 이론을 거부하고 언어의 의미를 자족(自足)적인 언어의 기호체계 안에서 찾고자 했다.

소쉬르의 기호체계에 의해 설명하자면 언어를 음성적인 이미지의 '기표 (記標 : signifiant)'와 개념적인 이미지의 '기의(記意 : signifie)'로 분리할 때, 언어의 기의는 지시대상과의 결합으로 결정되는 것이 아니라 기표들 간의 '차이(差異 : diference)'에 의해 결정된다고 보았다. 즉 쌀이라는 지시대상 자체에 쌀의 뜻(기의)이 깃들어 있는 것이 아니라 쌀이라는 음성적 이미지 (기표)와 쌀 이외의 다른 지시대상—이를테면 나무, 새, 바람 등 — 들의 기표와의 차이로 기의가 결정된다는 것이다.

그러나 데리다는 한 걸음 더 나아가 기표들의 차이로도 기의를 결정(확정)할 수 없다고 주장한다. 왜 그럴까? 소쉬르의 이론대로라면 쌀의 기의가 결정되기 위해서는 쌀이라는 기표 이외의 다른 모든 기표들과의 차이를 동반해야 하기 때문이라는 것이다. 그리고 다른 기표들은 그것을 규정지을 또 다른 기표들과의 차이를 요구하게 되고……. 결국 무궁무진한 기표들의 차이는 제아무리 열거한다 해도 결코 쌀의 기의를 확정지을 수 없다는 이야기가 된다. 그리하여 데리다는 소쉬르의 차이(difference)로부터 굳이 차연(differance)이라는 조어를 이끌어내게 되었던 것이다.

이미 언급한 바와 같이 차연(differance)에는 '차이'와 '연기'의 두 가지 뜻이 복합적으로 담겨 있는데, 이는 '차이'라는 공간적 개념에 '연기'라는 시간적 개념을 첨가함으로써 기표들 간의 차이가 기의를 확정하지 못하고 시간적으로 끝없이 연기된다는 뜻을 담고 있는 것이다.

이는 언어에 있어서 기의의 확정은 시간적으로 영원히 연기된 채 기표들의 차이만이 끝없이 이어진다는 '기의의 불확정성'을 주장하기 위함이다. 이를 어려운 말로 표현하자면 '기표들의 차이는 기의를 상정하지 못하고 끝없이 연기, 유보된다'이다. 이는 앞서 〈차연을 찾아서〉에서 예를 들어 언급했던 '존재의 불확정성'과 같은 맥락의 이야기가 된다.

그런데 이상한 일이다. 이해를 돕기 위해 개념을 이론적으로 접근하면 접근할수록 더욱 난해하게 느껴지는 건 무슨 까닭일까? 그렇다. 개념은 개념 그 자체로 보다 구체적인 삶 속에 녹아 있을 때라야 비로소 받아들이기 쉬운 것이 된다. 내가 '놀이'를 택한 이유도 바로 여기에 있다. 제아무리 어렵고 난해한 개념일지라도 인간의 삶 속에서 찾아지지 않는 것은 없다.

그런 의미에서 한 가지 예를 더 들어 보기로 한다.

유목민에게 있어서 '고향'은 어떤 의미일까? 늘 새로운 목초지를 찾아 떠도는 인생에게 고향이 무슨 의미가 있으랴. 말 그대로 앉으면 고향이요, 뜨면 타향이 되는 것이 그들 삶의 속성인 것을……. 수풀을 찾아 이리저리 떠돌면서 그때 그때 머물렀던 곳들을 모두 모은다고 유목민의 고향이 될 수 없는 것처럼 끝없이 이어지는 기표들의 차이는 영원히 기의를 확정할 수 없다.

차연은 바로 이 곳에서 저 곳이라는 공간적 '차이'와 끝없이 떠돎이라는 시간적 '연기'로 삶의 터를 구성하는 유목민의 고향과도 같은 것이다.

# 4.

## 차연 읽기 (3) : 바닥 없는 장기판

앞에서 우리는 소쉬르의 '기호학적 차이'에서 어떻게 차연이 탄생했는지를 살펴보았다. 이번에는 하이데거의 '존재론적 차이'에서 차연이 탄생하게 되는 경위를 간략히 알아보기로 하겠다.

앞에서 살펴본 바와 같이 차연을 특성 지우는 '기의의 불확정성(비결정성)'은 하이데거의 존재론을 거치면서 다시 '존재의 불확정성'으로 이어진다. 데리다는 그의 저서 『그라마톨로지』에서 '존재론적 차이를 통하는 것이 차연에 이르는 필수조건'이라 했으며, 그의 다른 저서 『입장들』에서 '내가 시도한 어떤 것도 하이데거의 물음들이 열어 놓은 길이 없었다면 불가능했을 것'이라고 분명히 언급한 바 있듯이 차연에 이르기 위한 또 하나의 길은 하이데거의 존재론에 주목하는 것이다.

하이데거는 철학의 역사를 통틀어 존재의 참 모습은 존재자—이데아, 신, 이성—에 의해 은폐되어져 왔다고 주장한다. 역사적으로 전통적 형이상학의 존재론은 절대불변의 보편적 진리를 상정하여 존재의 본질로 삼아 왔으며 이러한 전통 형이상학이 취해 온 존재론은 불변함과 항상적 보편성을 추구함으로 현전함을 존재의 본질로 여겨 왔다. 그러나 하이데거가 말하는 '존재'란 현전(現前 : '눈앞에 있음'이란 뜻으로, presence의 일본식 번역어이다.)하는 작용이지만 어떤 특정한 현전에도 그 자체를 고스란히 드러내지는 않는다.

그러므로 현전하는 특정한 존재자를 존재로 여기는 것은 존재의 일면을 나타내는 것인 동시에 존재를 은폐하는 것이 된다. 마치 우물 안에서 나고 자란 개구리가 우물이 세상의 전부라 여기고 그 안에서 바라보는 세상이 세상의 일면인 동시에 진정한 세상을 은폐하는 것과도 같이……. 즉 존재의 본질은 형이상학의 존재론의 틀로는 온전히 잡히지 않는 것으로, 현전하는 특정한 존재자—이데아, 신 등—에 의해 가려지고 은폐된 채 망각되어져 왔다는 것이다.

이에 하이데거는 전통 형이상학에서 당연한 듯이 전제되어 온 존재의 의미를 새삼 문제삼으면서 존재론 자체를 새롭게 세우고자 했다. 이러한 하이데거의 존재론은 기존 형이상학의 존재론을 뿌리째 뒤흔들어 놓은 것으로, 그로 인해 서구 철학사는 새로운 전환점을 맞이하게 되었다고 볼 수 있는 것이다.

그러나 데리다는 '존재'와 '존재자'를 이분(二分)하는 하이데거의 존재론 자체도 형이상학의 이원론(二元論)에 재억류되는 것이라 하여 본질적으로 형이상학의 범주에서 벗어나지 못한 것으로 보았다.

하이데거의 사상은 로고스와 존재가 구성한 진리의 법정을 무너뜨리기는커녕 오히려 그것을 '최초의 의미'로 다시 복원시킬 것이다. ─『입장들』

이처럼 데리다는 하이데거가 주장하는 존재와 존재자의 차이 또한 존재의 초월적 의미를 고정시키는 전통 존재론에 다름 아닌 것으로 보아 이를 해체하기에 이른다.

이제 데리다가 어떻게 존재론을 해체하고 나아가 존재론 자체를 무효화시켜 갔는지에 대해 좀더 자세히 알아보기로 하겠다.

먼저 데리다는 플라톤으로부터 하이데거에 이르기까지 끈질기게 집착해온 '지금─현전'이 과연 확고한 존재 이해의 단서가 되어줄 수 있는 것인가 라는 물음을 스스로에게 던져 본다. 그리고 이렇게 결론짓는다.

'지금'은 이미 지나가고 없는 것과 아직 오지 않은 것을 동시에 포함하는 것으로……. ─『철학의 여백(Margins of Philosophy)』

즉 '지금'은 멈춰진 시간의 일점이 아니라 지금이라는 말과 함께 사라져 버리는 것으로, 현재는 미래가 과거 속으로 끝없이 미끄러지면서 '관념화된 이미지'로 표상될 뿐 존재하는 '일점 근원'이 아니라는 것이다. 이처럼 시간은 한순간도 멈추지 않으므로 '지금 이 순간─현전'에는 '과거의 흔적'과 '미래의 흔적'이 공존하게 된다.

그러나 이 흔적은 현전을 구성하는 것이 아니라 끊임없이 현전을 밀어내므로 '흔적으로 지워진 현전'은 고정된 위치가 없다. 그리고 고정된 위치가 없는 이 현전은 공간적으로는 위치를 계속 바꾸면서 시간적으로는 계속 연기되므로 바로 '차연' 그 자체가 되고 만다.

차연은 고정된 장소나 위치가 없으므로 일점 근원의 존재는 아니다. 그러나 존재의 근원이 되어 존재하지 않는 모든 것을 마치 존재하는 양 나타내므로 단순히 '부재'라고도 말할 수 없다. 존재도 부재도 그렇다고 다른 그 무엇도 아닌 차연은 마침내 존재론 자체를 포기하게 되고 만다.

> 차연은 존재하거나 부재하는 모든 존재자의 어떠한 범주에도
> 속하지 않으면서 존재의 범주를 넘어서 존재론 자체를 초월한다.
>
> — 『철학의 여백』

데리다는 그의 저서 『철학의 여백』에서 'defferance is'의 'is'에 X표를 치고 있다. 이는 차연이 존재도 부재도(존재의 긍정도 부정도) 아니며 존재론의 지평에서는 결코 사유될 수 없다는 것을 보여 주기 위함이다.

그렇다면 존재론 자체가 거부된 세계 즉, 차연의 세계는 어떠한 모습으로 나타나는가? 데리다는 이러한 차연의 세계를 '바닥 없는 장기판(bottomless chessboard)'에 비유하고 있다. 장기판에 바닥이 없다? 언뜻 이해가 가지 않는다. 이럴 때 가장 좋은 방법은 영상 이미지를 떠올리는 것이다. 시뮬레이션 장기판이 우리 눈앞에 떠 있다고 상상해 보자. 그런데 우리가 들고 있는 것은 실물의 장기 말이다.

자, 이제 바닥 없는 시뮬레이션 장기판 위에 어떻게 실물의 장기 말을 올

려놓을 것인가……. 만약 장기판의 어느 지점 위에 장기 말을 올려놓는다면 장기 말은 그대로 가상의 장기판을 통과해서 아래로 떨어져 나뒹굴 것이다. 그러면 어떻게 장기를 두지? 방법은 하나 있다. 장기 말에서 손을 떼지 않고 계속 옮겨다니기만 하는 것이다. 장기 말을 내려놓는 순간 그 장기 놀이는 무효가 되고 만다. 그러니 장기 말은 이리저리 옮겨다니기만 할 뿐 결코 어느 한 곳에 자신의 몸을 안착시킬 수 없다. 데리다는 이러한 차연의 속성을 '존재가 놀고 있는 바닥 없는 장기판(bottomless chessboard on which being is put into play)'으로 표현하고 있다.

이제 존재는 자신의 몸을 지탱할 어떠한 근원적 장소도 가지지 않는다. 다만 이 칸에서 저 칸으로 옮겨가는 그 공간적 차이로 자신을 드러내며 그 차이는 끝없이 이어지므로 시간적으로 영원히 연기된다. 이리저리 옮겨다니기만 할 뿐 정착을 모르는 유목민처럼…….

이렇게 존재의 결정은 영원히 유보되고 대신 존재의 놀이는 끝없이 이어진다.

존재의 끝없는 놀이…… 바로 '차연'이다.

# 5.

## 해체 전술 ⑴ : 데리다전(戰) 게릴라전(戰)

앞장 '차연 읽기'에서 소쉬르의 '기호학적 차이'와 하이데거의 '존재론적 차이'를 통해 차연이 탄생하는 과정을 살펴보았듯이 차연은 소쉬르와 하이데거를 숙주(宿主)로 하여 그들의 이론으로 양분을 섭취하고, 자란 뒤에는 냉혹한 해체 무기로 돌변해 숙주를 찢고 태어나는 '기생벌'과도 같은 생태구조를 갖고 있다.

차연은 한마디로 실체를 파악하기 힘든 해체 무기이다. 긍정과 부정의 양날을 가진 칼이기도 하며, 안과 밖이 교묘히 만나는 미로의 함정이기도 하며, 약이면서 동시에 독이 되는 계략의 술잔이기도 하다. 데리다는 이렇듯 알쏭달쏭한 해체 무기로 아군인 듯 상대방의 내부 진영으로 잠입해 들어가 교란을 일으키고 결정적인 순간에 상대의 모든 것을 전복시켜 버린다. 그런데 문제는 해체 무기 '차연'에 대항해서 그것과 맞서 싸울 다른 무기는 결코 존재할 수 없다는 데 있다. 누차 강조해 왔듯이 차연은 자신이 공격당할 이론적 실체를 가지고 있지 않기 때문이다.(데리다는 형이상학적 질서들을 철저히 파괴할 뿐 그에 대응하는 어떠한 자신의 이론도 정립하지 않는다.)

차연, 그 자체로는 드러나지 않으며 또한 아무 쪽에도 서지 않고, 아무것도 지목하지 않으며 단지 상대로 하여금 스스로 자신의 논리 속에 은폐되어 있는 모순을 토해내게 함으로써 그 사실들을 인정하지 않을 수 없게 만들 뿐이다.

앞 장에서 이미 언급한 바 있듯이 차연이 가지는 존재의 불확정성은 존재론 자체를 무효화시킨다. 그런가 하면 데리다는 플라톤에서 현대에 이르기까지 대부분의 철학을 전통 형이상학의 존재론의 범주로 넣어 버린다. 그 원칙 하에서 해체의 칼날을 피해 갈 철학과 철학자가 과연 몇이나 될까? 자기가 세운 왕국에서 스스로 왕이 되기란 또 얼마나 쉬운 일인가? 결국 데리다는 차연이라는 '신검(神劍)'을 가진 해체주의 왕국의 폭군에 불과한 것일까?

여기서 우리는 데리다의 '해체 수법'에 대해 좀더 자세히 알아볼 필요가 있다.

예로부터 전통 형이상학이 지향해온 궁극적 진리, 즉 절대불변의 진리에 대한 추구는 그 사유체계 속에 이미 완전한 것에 대한 불완전한 것의 존재 또한 필연적으로 내포하게 되는 것으로 결과적으로 완전한 것이 불완전한 것을 가르고 지배한다는 형이상학의 이원론을 낳게 되는 것이다.

플라톤이 완전한 것과 불완전한 것을 이데아(Idea)와 일상(日常)으로 구분한 데서 비롯된 형이상학의 이원론은 데카르트에 이르러 정신(사유하는 주체)과 자연(연장을 가진 물체)으로 양분(兩分)된 근대적 세계관을 형성하기에 이른다.

이렇듯 형이상학의 이원론은 진리의 근거를 본질적인 것과 그에 대비되는 현상적인 것으로 구분하고 본질을 완전한 것으로, 현상을 불완전한 것으로 규정짓는다. 여기서 형이상학이 떠받들어 온 본질이란, 다양한 변화의 양태를 띠고 있는 현상계에 반해 그 배후에 자리잡고 있는 절대로 변치 않는 '고정불변의 참 진리'로 설명할 수 있는데 그런 뜻에서 본질은 '동일성(Identity)'이란 다른 이름을 갖게 되는 것이다.

그러나 진리라는 낱말 뒤에는 거짓이라는, 완전이라는 낱말 뒤에는 불완전이라는 반대 개념이 자리잡고 있듯이 동일성이라는 낱말 뒤에는 차이라는 개념이 은폐되어 있다. 진리가 거짓됨을 몰아낼 때 진리일 수 있고 완전함이 불완전함을 몰아내야만 완전할 수 있듯이 동일성이란 차이를 억압하고 배제할 때 비로소 동일성의 의미로 살아나는 것이다.

이는 역설적으로 들릴지 모르나 차이가 없이는 동일성 또한 존재하지 않는다는 의미이기도 하다. 이처럼 전통 형이상학이 추구해온 진리, 완전, 동일성 등의 이면에는 거짓, 불완전, 차이 등이 종이의 양면처럼 붙어다니면서 진리를 진리이게, 완전을 완전이게, 동일성을 동일성이게 만들어 준다. 그러므로 형이상학에서의 진리란 애초에 스스로 독립적인 온전한 진리가 아니라는 내부적 모순을 안은 채 시작되었던 것이다. (데리다는 바로 이러한 형이상학의 모순들을 해체의 대상으로 삼는다.)

소쉬르가 형이상학의 주장을 반전시켜 동일성이 차이를 파생하고 차이를 억압하는 것이 아니라 오히려 차이가 동일성을 가능케 한다는 획기적인 기호이론을 내세웠을 때, 데리다는 그의 이론을 수용하였으면서도 종국에 가서는 그의 이론조차 해체시켜 버리고 말았다. 그 이유 중의 하나는 바로 소쉬르 또한 위치만 역전시켜 놓았을 뿐 형이상학의 이원론 범주에서 벗어나지 못하고 있음을 간파했기 때문이다. 그런가 하면 존재와 존재자를 가르는 하이데거의 존재론 또한 형이상학의 이원론의 한 형태로 보아 해체하기에 이른다.

이렇듯 데리다는 전통 형이상학의 존재론이 대립과 억압구조의 온갖 중심주의와 이원론의 모순에 빠져있음을 집요하게 추적하고 있으며 현대철학 역시 그러한 억압체계로부터 완전히 벗어나지 못하고 있음을 낱낱이 밝혀내고 있었던 것이다.

사실 개인적으로 데리다의 해체 수법이니, 전략이니 하는 부분에 대해서는 그다지 흥미를 느끼지 못한다. 데리다가 어느 철학자를 어떻게 공격해서 꼼짝없이 두 손 들게 만들었건, 어느 사유체계에 어떻게 교묘하게 접근해서 무참히 자괴시켰건 그 문제는 이 글의 관건이 아니다. 이 글은 단지 차연이 가지는 존재의 불확정성과 상호텍스트의 세계를 긍정하며 인간이 속해 있는 모든 것에서 그 타당성의 근거를 찾아보고자 하는 데 진정한 의도가 있는 것이다.

(여기서 데리다가 사용하고 있는 '텍스트'란 용어는 언어와 문자에 관련된 '텍스트(text)'와 직물짜기라는 뜻의 '텍스춰(texture)'를 같은 의미로 묶은 것이다. 이는 글자 또한 직물짜기처럼 상호간에 얽힘으로 구성된다는 뜻을 내포하는 것으로 결국 텍스트는 차연에 다름 아닌 것이다. 그리고 이 책에서 수시로 등장하는 '상호텍스트'는 데리다의 텍스트이론에서 특히 상호간의 만남과 얽힘을 강조하고자 하는 취지에서 쓰여져 있음을 밝혀 둔다.)

# 6.

## 해체 전술 ⑵ : 전쟁놀이 – 항우와 병마용갱

"자, 이쪽 아래를 내려다보세요."

조선족 가이드가 우리를 안내한 곳은 병마용갱의 동쪽 끝으로 미처 복원되지 않은 병마용의 잔해들이 처참한 모습으로 진흙더미 위를 나뒹굴고 있었다. 일행의 눈길이 집중되자 가이드의 설명이 이어졌다.

"실제로 격렬한 전투가 한 차례 휩쓸고 지나간 듯 하지요. 용갱이 이처럼 파괴된 데는 3가지 학설이 있습니다. 항우의 화공설(火攻說), 장례식 분소설(焚燒說), 목동의 실화설(失火說)이 그것인데, 그 중에서 현재 항우의 화공설이 가장 그 신빙성을 인정받고 있습니다.

그 이유는 첫째로 많은 유물들이 제 자리에서 옮겨져 있다는 사실입니다. 전차(戰車)는 없는데 전차의 장식이 발견되었다던가, 원래는 도마(陶馬)가 없었던 곳에서 도마의 일부와 장신구가 발견되기도 했다는 것이지요. 둘째로는 유물이 온전히 보존되어 있지 않다는 점입니다. 칼집은 있는데

병마용갱 전경

칼이 보이지 않는다거나, 창검은 있는데 자루가 없어졌다던가 하는 점들이지요. 유물이 누군가에 의해 훼손되고 약취되었다는 증거라 하겠습니다.

『한서』의 「초원왕열전(楚元王列傳)」에 보면 항우가 관중(關中)에 들어와 진시황릉을 파헤치고 유물을 가져갔다는 기록이 남아 있는데 이로써 항우가 능묘를 파헤칠 때 용갱 또한 훼손했으리라는 것을 미루어 짐작해 볼 수 있는 것이지요.

항우는 원래 초나라 귀족 출신으로 진시황에게 나라를 빼앗기고 조부와 숙부를 잃었습니다. 그가 원한에 사무쳐 있었다는 것은 진시황 사후, 진나라 수도 함양을 철저히 파괴하고 항복해온 진왕 자영과 모든 왕족들을 무참히 살해한 것만 보아도 충분히 알 수 있습니다. 능묘와 용갱을 유린하고 불을 지른 것쯤은 별로 놀랄만한 일도 아니지요. 아마 진시황의 것이라면 무엇이든 파괴하고 싶은 심정이었을 것입니다.”

이번 장에 소개할 글은 위와 같은 역사적 사실을 토대로 하여 꾸며본 일

복원되지 않은 병마용들

종의 상상극이다. 항우의 군단이 병마용갱을 파괴하고 불을 지르는 장면을 마치 항우의 군단대 병마용 군단의 실전처럼 묘사하였다. 만화 같은 이야기지만 누가 알겠는가? 실제로 그런 일이 일어났었는지…….

우리는 이 전투에서 병마용 군단의 고전적 전술에 맞서는 항우 군단의 '게릴라 전법'이 어떻게 승리를 거두는지 주의 깊게 살펴보아야 할 것이다. 이는 전통 형이상학적 질서에 대항하는 데리다 '해체 전술'의 상징이기도 하기 때문이다.

자, 피비린내 나는 전투의 현장으로 속히 이동해 보자.


바야흐로 침략자 항우의 군단을 맞은 진시황 병마용 군단이 전열을 가다듬고 적군과 팽팽히 대치되어 있는 상황이다. 용갱 안 병사들의 눈빛에서 극도의 긴장이 감돈다. 먼저 작전보고가 한창인 병마용 군단 총사령부 제3용갱 안으로 들어가 보기로 한다.

# 전술 1 : 안행진법(雁行陣法)

부장  이번 전투는 손자병법의 십진(十陣)의 하나인 '안행진법'을 전술로 택했사옵니다. 군진(軍陣)의 형태가 기러기의 행렬과 흡사하다 하여 이름지어진 '안행진법'은 선대(先代)의 단조롭고 둔중한 전차전(戰車戰)의 단점을 보완하여 나온 것으로 기병과 보병이 주축을 이루어 전쟁 상황에 따라 신속하고 다양하게 변화, 적용할 수 있다는 큰 장점을 보유하고 있습니다.

장군  그렇다. 시황제께서도 바로 이 안행진법을 써서 각국과의 전투를 승리로 이끌고 마침내 천하통일을 이루셨느니라. 가히 무적의 신법(神法)이라 아니할 수 없느니…….  계속해서 세부 작전계획을 보고하라.

부장  이예! 장군, 먼저 적병이 원거리에서 공격해 오면 최전방의 궁노수들이 일제히 적을 향해 활을 쏩니다. 적군이 중거리에 육박해 오면 방진(方陣 : 사각형의 군진) 외곽의 입사수(立射手)들이 쇠뇌를 발사하고 이어서 방진 가운데 배치되어 있는 궤사수(跪射手)들이 활을 쏩니다. 이들이 일어났다 앉았다 하면서 촉과 화살을 번갈아 발사하여 적군의 전진을 최대한 방어합니다.

이윽고 적군이 근거리에 육박하면 노병(弩兵)들은 양쪽으로 갈라져 좌우 후방 수비를 위해 뒤로 물러나는 동시에 왼쪽 날개의 기병과 오른쪽 날개의 전차병이 양쪽에서 신속히 적의 측면을 공략하여 적군의 대열을 흐트러 놓습니다. 그 때를 놓치지 않고 1호갱의 보병 주력부대는 재빨리 교란된 적군을 칩니다.

이 모든 것이 최대한 짧은 시간에 동시다발적으로 이루어져 적군은 미처 손 쓸 사이도 없이 기러기의 양 날개에 갇히는 꼴이 되어 섬멸당하게 됩니다.

장군　으음……. 가히 완벽한 전술이로다. 승패는 이미 판가름난 것과 진배 없다. 이후 적군의 동태를 예의 주시하고 한치의 오차도 없이 계획대로 실행하라.

부장　이예! 장군.


## 전술 2 : 데리다 전법

같은 시각, 상대 진영의 군막에서는 항우가 몸소 부하 장수의 브리핑을 받고 있다.

항우　적군의 정황을 보고 하시오.

장수　이예, 폐하.

먼저 제 1요새인 1호갱은 총 면적이 14,260㎡로, 동서 230m, 남북 62m의 장방형 구조를 이루고 있습니다. 내부에 5천여 명의 병사와 수백 필의 말, 백 대의 전차를 보유하고 있사온데 병사는 대부분이 보병으로 구성되어 있사옵니다.

제 2요새인 2호갱은 1호갱으로부터 동북쪽 약 20m 거리에 위치해 있으며 총 면적 6,000㎡, 길이 96m, 너비 84m의 ㄴ자형 구조를 하고 있습니다. 그 내부에 2천여 명의 군사와 수백 필의 말, 89대의 전차, 수만 점의 청동 병기를 보유하고 있사온데, 부분이 보병으로 구성된

1호갱과는 달리 2호갱의 최전방에는 인강(引强 : 가볍게 무장한 장수)과 척장(趫張 : 완전무장한 장수)을 합쳐 334명의 궁노병(弓弩兵)이 배치되어 있습니다. 그 오른쪽은 64대의 전차 군진이 자리 잡고, 왼쪽 후진으로 백여 명의 기병이 자리 잡고 있어 전략적으로 궁노병과 전차병, 기병이 상호 밀접한 관계를 유지하고 있사옵니다.

제 3요새인 3호갱은 1호갱으로부터 북서쪽으로 25m 가량 떨어져 있으며 군진 지휘부로 사용되는 군막이옵니다. 내부 구조는 지휘본부답게 특수하고 교묘하여 지휘용 전차인 융거(戎車)가 자리한 방을 중심으로 하여 남북으로 각각 곁방을 두었는데 남쪽 방은 40명의 호위병이, 북쪽 방은 22명의 호위병이 각기 배치되어 있사옵니다. 그들의 손에는 하나같이 근거리용 살상 기구인 수(殳)가 들려져 있어 삼엄한 경비 태세를 짐작할 수 있었사옵니다.

한 가지 의문이 가는 것은 3호갱 가까이에서 용도를 알 수 없는 빈 요새가 하나 발견되었다는 점입니다. 제 4호갱이라 이름 붙였사옵니다만…….

항우  빈 요새라, 으음……. 3호갱 가까이에 자리하고 있는 것으로 보아 필시 후방 수비대임에 분명하다. 특수 대원이 미처 조직되지 않은 게지……. 적진 군사들의 정황은 어떠하오?

장수  1, 2, 3호갱 전군은 하나같이 엄격하고도 신중한 선발을 거쳐 뽑힌 자들로 최소한 2년 이상 특수 훈련을 받은 정예군들로 이루어져 있사옵니다. 그 날램과 용맹함이 범도 무섭지 않은 자들로, 그 기세 또한 양양하여 하늘을 찌르고도 남음이 있었사옵니다.

전군의 배치 상황을 미루어 볼진대, 그 전술 또한 다양한 변수를 두어 한치의 빈틈도 없이 용의주도하게 계획되어 있었사옵니다. 아뢰옵기 황공하옵게도 군사와 전술 모두 흠잡을 데 없이 완전한 줄로 아옵니다.

완전? 지금 완전이라 하였소? 이보시오 장군. 대체 완전이란 게 무엇이오? 불완전이란 말이 있으니까 완전이란 말도 존재하는 것 아니겠소? 완전이란 결코 제 스스로 완전한 게 아니란 말이오. 완전과 불완전은 엽전의 양면처럼 붙어다니는 것이오. 결국 완전을 완전이게 해주는 것은 불완전이라 이 말이오.

잘 들으시오. 장군! 천지간에 완전이란 없소. 어떠한 완전도 그 이면에는 불완전이 숨겨져 있소. 그 숨겨진 불완전을 끌어 내시오. 그것이 전쟁을 승리로 이끄는 열쇠가 될 것이오. 제아무리 강한 군사들에게도 약점은 있게 마련이고 제아무리 물샐 틈 없는 전술일지라도 빈틈은 있기 마련이오. 바로 그것을 찾아내는 것이오.

그러나 명심하시오. 약점은 군사들에게 있는 것이 아니오. 군사와 군사의 사이에 있소. 빈틈은 전술에 있는 것이 아니오. 전술과 전술 사이에 있소. 그 '사이'를 공략 하시오. 그 사이에서 그들 자신도 깨닫지 못한 채 숨죽여 은폐되어 있는 숨은 진실을 드러나게 하시오. 마침내 그들은 자괴하고 말 것이오.

장수 　폐하, 소장은 도무지 모르겠사옵니다. 은폐된 진실이란 도대체 무엇이옵니까?

항우 　답답하도다. 이보시오 장군!  저들이 대체 무엇이오? 그리고 저들이 목숨 바쳐 지키고 있는 것 또한 무엇이오?

장수   저들은 진시황의 근위대로 진시황을 수호하는 임무를 맡고 있사옵니
다.

항우   그렇소. 그러나 그들이 지켜 주어야 할 진시황은 이미 이 세상 사람이
아니오. 수년 전 사구(沙丘) 땅에서 병사했소. 저들은 살아있는 황제의
수비대가 아니라 죽은 황제의 꼭두각시일 뿐이오. 그러므로 저들은 더
이상 존재의 이유를 가지지 못하오. 제아무리 강해 보여도 주인 잃은
허수아비에 불과하다 이 말이오? 하물며 제아무리 뛰어난 전술이라 한
들 누굴 위한 전술이란 말이오? 존재할 이유를 잃은 존재는 더 이상 존
재하지 못하는 법. 그들 존재의 무가치함을 드러내 보이리라.

즉시 훈련된 특수대원을 1호갱 안으로 투입하시오. 그들로 하여금 적
군을 교란시켜 스스로 내파하게 하시오. 적병들의 심중에는 이미 살
아생전 진시황의 폭정에 대한 분노가 팽배해질 대로 팽배해져 있소.
진시황의 죽음, 즉 은폐된 진실은 그들의 분노에 불을 지르게 될 것이
오. 광분한 병졸들은 봉기하여 그들 상관의 심장을 찌를 것이며, 장
수들 또한 격노하여 반란군의 목을 벨 것이오. 마침내 그들은 자멸할
것이며 우리는 싸우지 않고도 승리를 얻게 될 것이오.

3호갱 안으로 말 탄 기병 하나가 나는 듯이 달려 들어간다.

기병   장군, 큰일 났사옵니다.

장군   무슨 일이냐?

철학놀이

기병  1호갱 안에서 반란이 일어났사옵니다.

장군  반란이라니, 누가 반란을 일으켰단 말이냐?

기병  병사들 전체가 누구랄 것 없이 뒤엉켜 서로 베고 찌르고 하여 아수라
     장을 이루고 있었사옵니다.

장군  뭐야? 닥쳐라 이놈! 네 놈이 실성하여 헛것을 본 게로구나.

기병  아니옵니다. 장군, 제 이 두 눈으로 똑똑히 보았사옵니다. 처음엔 보
     병과 궁노수 한 무리가 부장들과 군리(軍吏)들을 향해 무기를 휘두르
     기 시작하더니 순식간에 전 군졸들이 합세하여 공격을 가하고 그들
     을 막기 위해 2호갱의 부장들이 전차부대를 이끌고 달려왔으나 수세
     에 밀려 처참하게 당하고 있었사옵니다. 아무래도 적군의 첩자가 든
     것 같사옵니다.

장군  시끄럽다! 내 이 두 눈으로 직접 확인하기 전까지, 네 놈의 말을 믿을
     수 없다. 가자! 만일 거짓을 고하였다면, 그 자리에서 네 놈의 목을 베
     리라.
     여봐라! 융거를 대령하라!


     잠시 후 1호갱에 도착한 장군은 눈앞에서 벌어지고 있는 사태에 경악을
금치 못한다.


장군  아니, 이럴 수가 …….
     여봐라, 2호갱의 군사들을 전원 출동시켜라. 반란을 막아야 한다.

부장  장군, 큰일났사옵니다. 1호갱과 2호갱이 이미 적군에 의해 완전 봉쇄

되었습니다. 횃불을 든 기병들이 줄지어 내달리는 것으로 보아 항우의 군대가 화공(火攻)을 쓸 속셈인 듯 하옵니다.

장군 첩자에 화공까지……. 으으~, 천하의 간교한 놈들……. 안 된다! 이 상황에서 화공은 아군의 전멸을 뜻한다. 놈들은 우리를 무너뜨린 후 곧바로 황릉을 유린하러 갈 것이다. 어떻게든 막아야 한다. 어떻게든……. 아아, 폐하!

항우 불을 질러라!
전군은 갱도의 입구를 봉쇄하고 불길을 피해 뛰쳐 나오는 적병들을 모조리 베어라. 단 한 놈도 살려 보내지 마라. 죽은 황제는 죽은 병사들로 하여금 지키게 함이 옳지 않겠느냐? 하하하!


마침내 병마용갱을 초토화시킨 항우의 군대는 곧장 황릉을 향해 내달린다. 그 후의 상황을 『한서』에는 다음과 같이 기록하고 있다.


항우가 관(關)에 들어가 능을 파헤치고 30만으로 30일 동안 물건을 날랐으나 다 하지 못하였다. 불은 90일 동안 꺼질 줄 모르더라.  ―「수경주」

# 7.

해체 전술 (3) : 인드라망 – <u>세상에서 가장 평화로운 무기</u>

## 사찰 답사 안내문

사찰 답사시 석탑이나 부도를 보시면 간혹 기단부(基壇部)와 탑신부(塔身部)에 신장상들이 돋을새김되어 있는 경우를 보신 적이 있을 것입니다. 신장(神將)은 원래 고대 인도신화 속에 나오는 신들로 훗날 불교에 귀의하여 불법수호의 역할을 담당하게 되었습니다. 이를 전문적으로 표현하자면 불교가 토착화하는 과정에서 토속신앙을 습합하여 만들어낸 현상이라고 해야 할 것입니다.

신장들 간에는 계급의 서열화 현상이 뚜렷한데 그 중 가장 높은 지위에 있는 제석천(帝釋天)은 고대인도의 베다신화에서 벼락을 신격화한 '인드라신'이었습니다. 인드라는 고유의 무기 바주라(금강저)와 인드라망으로 무장한 용사의 모습으로 표현됩니다. 원래는 악마를 정복하고 대지를 관장하는 무신(武神)이었습니다만 불법에 감화되어 불교에 귀의한 뒤에는 불법수호

탑신부 - 사천왕상 (위)
기단부 - 팔부중상 (아래)

를 담당하는 호법신(護法神)이 되었다고 합니다. 수미산 정상의 제석천궁에서 살며 아래로는 사천왕을 거느립니다. 범천(梵天) 역시 옛 인도의 브라만신으로 불교에 귀의하여 제석천과 같은 임무를 수행합니다. 이들 두 신장상은 불화 등에서 주로 한 쌍으로 표현되는 경우가 많습니다.

사방사주(四方四洲)를 수호하는 방위신 사천왕(四天王)은 각각 동방 지국천왕(持國天王), 서방 광목천왕(廣目天王), 남방 증장천왕(增長天王), 북방 다문천왕(多聞天王)으로 불리우며 불교에 귀의한 뒤 수미산 동서남북에서 불법을 수호하고 인간의 선악을 관찰하는 임무를 맡고 있습니다. 위로는 제석천을 받들고 아래로는 팔부중을 거느립니다.

여러분들은 아마 불전도(佛傳圖)에서 석가모니 성도 시 마왕 군대와 대적해 싸우는 사천왕의 모습을 보신 적 있을 것입니다. 그 때 석가모니에 감화된 사천왕은 이후로 석가모니 부처님이 설법하는 곳이면 어디든지 따라다니며 수호를 담당했다고 합니다. 이를테면 부처님의 보디가드 역할을 한

셈이지요.

　신장상 중 가장 낮은 지위에 속하는 팔부중(八部衆)은 팔부신중(八部神衆)으로도 불리웁니다. 원래 인도신화에서 악귀나 반신(半神), 정령들로 등장하는데 부처님의 자비로 이들 또한 받아들여 지금은 가장 하위직이나마 불법수호의 맡은 바 소임을 다하고 있습니다. 그러나 아직도 포악한 성미가 남아있어 때때로 소동을 벌이기도 한다는군요.

　이제부터 사찰을 답사하실 때는 석탑과 부도탑을 자세히 살펴보시기 바랍니다. 탑면에 부조가 새겨진 석탑과 부도라면 대개 신장상들의 모습을 발견하게 되실 것입니다. 불법과 사찰을 수호하는 임무를 부여받은 신장들은 탑이나 부도 안에 봉안된 사리들도 보호해야 할 의무가 있기 때문입니다. 따라서 탑과 부도의 사면에는 무서운 모습을 한 사천왕과 팔부중들이 새겨지게 되는 것이지요.

　보통 탑신부에는 각 방위마다 그 곳을 관장하는 사천왕이 부조됩니다. 그들은 모두 무장답게 훌륭한 갑옷을 입고 각자 특색 있는 무기를 손에 들고 있습니다. 늠름하고 위풍당당한 자세로 악귀들을 짓밟고 서 있는데 커다란 고리눈을 부릅뜨고 사방을 노려보고 있는 표정이 가히 보는 이의 간담을 서늘하게 합니다. 심장이 약한 분들이라면 너무 오랫동안 들여다보지 않는 게 좋으실 겁니다.

　그 아래로 탑의 기단부에는 한 면에 한 쌍씩 사방에 전부 네 쌍의 팔부신중이 부조되어 있습니다. 이들은 천(天 : Deva), 용(龍 : Naga), 야차(夜叉 : Yaksa), 가루라(迦樓羅 : Garuda), 건달바(乾闥婆 : Gandharva), 아수라(阿修羅 : Asura), 긴나라(緊那羅 : Kimnara), 마후라가(摩睺羅伽 : Mahoraga) 등으로 불

리며 이들 역시 불법을 수호하는 임무를 부여받고 있습니다. 원래 이들 중 용, 야차, 아수라들은 강력한 힘과 포악한 성미로 신들에 대적하고 인간들을 괴롭히던 악귀의 형상이었다고 합니다.

천(天)은 'Deva'라는 낱말의 뜻이 의미하듯이 특정 신이 아닌 모든 신들을 총칭하는 의미를 상징적으로 부여받은 팔부신중의 하나입니다. 가루라는 비슈누신의 수레 역할을 했던 날개가 달린 힘센 정령이었습니다. 나머지 건달바, 긴나라, 마후라가는 음악과 관련된 반신(半神) 정령들로, 새 또는 짐승과 사람이 한데 합쳐진 반인반수(半人半獸)의 모습을 하고 있습니다만 성미는 비교적 온순한 편입니다.

지금부터 제가 들려드릴 이야기는 바로 이들 팔부신중 사이에 일어났던 싸움에 관한 이야기입니다. 그들끼리도 싸움을 하느냐고요? 물론입니다.

인도신화에서 궁중음악을 주재하던 건달바는 상반신은 인간의 모습을 하고 하반신은 새의 모습을 한 반신정령이었습니다. 온순한 그들도 한때 용족의 영토에 침입하여 소란을 피운 적이 있었는데 그때부터 용과 건달바들은 원수지간이 되었다고 합니다. 석탑의 싸움은 그들로부터 시작되었습니다.


## 팔부신중쟁투기(八部神衆爭鬪記)

어느 한적한 저녁 무렵 경내의 석탑과 부도탑을 관찰하던 나는 탑의 기단부에서 미묘한 움직임이 일고 있는 것을 목격하게 되었다. 허리를 굽히고 기단부에 조각된 팔부신중상들을 가만히 들여다보니 동쪽면의 건달바와 북쪽면의 용 사이에 티격태격 다툼이 벌어지고 있었다. 어찌된 영문인지는 모르겠으나 둘 사이의 다툼은 점점 강도를 더해가더니 급기야는 탑 밖으로 튀어나와 서로를 맹렬히 공격하기 시작했다.

인간의 얼굴에 뱀의 신체를 한 용은 신화 속의 뱀족으로, 물리면 누구든지 그 자리에서 절명하고 마는 무서운 독을 가지고 있었다. 게다가 용은 음험한 책략가로 무엇보다도 기습공격에 뛰어났다.

먼저 용이 새빨간 혀를 널름대며 건달바를 공격하자 날개가 달린 건달바는 재빨리 용의 공격을 피해 탑 꼭대기로 날아 올라갔다. 상반신은 사람의 형상을 하고 하반신은 새의 형상을 한 건달바는 용의 머리 위를 맴돌며 기회를 엿보다가 한순간을 틈타 용의 취약점인 몸통을 공격하고는 용의 반격을 피해 다시 하늘 높이 날아오르는 것이었다. 건달바의 날쌘 몸놀림을 도저히 당해낼 수 없다고 판단한 용은 한 가지 음흉한 꾀를 내어 짐짓 괴로운 척 신음을 토해내며 땅 위에 쓰러졌다. 용의 속셈을 모르는 건달바는 이때다 하고 쓰러진 용의 몸통을 타고 앉아 독수리처럼 억센 발톱으로 마구 할퀴고 짓밟기 시작했다. 그 때를 놓치지 않고 용은 긴 몸통으로 재빨리 건달바를 감아버렸다.

용이 꼼짝없이 잡힌 건달바를 물려는 순간 탑에서 무언가 빠른 속도로 튀어나와 용의 머리를 냅다 후려치고 날아가는 것이 있었다. 황금색 날개가 달린 용사의 모습을 한 그것은 신화 속의 비슈누신이 타고 다니는 수레 역할을 했던 가루라였다. 여덟 개의 팔 중에 두 개의 손은 꼭 합장을 하고 있는 가루라는 변신 능력이 있어 몸의 크기를 자유자재로 조절할 수 있었다. 또한 가루라는 용족의 원수였는데 그것은 가루라가 용을 잡아먹기 때문이었다. 가루라의 공격을 받은 용은 기겁을 하고 몸을 풀어 달아나기 시작했다.

그러자 이번에는 피가 뚝뚝 떨어지는 날고기를 좋아하는 야차가 커다란 송곳니를 드러내며 가루라에게 덤벼들었다. 가루라는 재빨리 몸의 크기를 줄여 야차의 손아귀로부터 빠져나왔다. 다면다비(多面多臂)의 야차는 여러 개의 손에 들려진 칼, 철퇴, 삼지창 등을 마구 휘두르며 가루라를 공격했으나 꿀벌처럼 작아진 가루라는 야차를 조롱이라도 하는 양 탑 위에 앉았다 전각 위에 앉았다 하면서 요리조리 날아다니는 것이었다. 약이 바짝 오른 야차는 사정없이 무기를 휘두르고 그 바람에 보광전 추녀 끝에 달려있던 풍경이 철퇴에 맞아 떨어져 나가고 말았다.

사찰수호의 임무를 맡고 있던 사천왕이 참다 못해 탑신부의 사면에서 튀어나왔다. 분노한 사천왕들은 각자의 무기를 곧추세우고 일제히 야차를 향해 날아갔다. 제아무리 광폭한 야차라고 해도 사방에서 공격해 오는 사천왕의 무기를 한꺼번에 막아낼 수는 없었다. 동방 지국천왕이 휘두른 칼 날에 한쪽 팔이 잘려 나간 야차는 괴성을 내지르며 땅 위에 쓰러져 나뒹굴었다.

그러자 이번에는 마족 중에서 가장 강력한 힘을 가진 아수라가 탑에서 튀어나와 사천왕을 공격하기 시작했다. 신화 속의 아수라는 원래 신과 동등한 지위를 가진 자들이었는데 신들보다 재능이 뛰어난 것을 경계한 비슈누신의 계략으로 불사의 영약을 마시지 못해 끝내 신이 될 수 없었다고 한다. 그 때부터 아수라족은 걸핏하면 신들과 전쟁을 벌이게 되었는데 탑 밖에서 야차를 공격하는 사천왕을 보자 아수라의 내면에 잠재해 있던 신에 대한 증오심이 걷잡을 수 없이 불타올랐던 것이다. 산처럼 거대한 몸집에 사면팔비(四面八臂)의 아수라는 사천왕의 공격을 혼자서도 너끈히 막아낼 수 있었다. 사방으로 향한 네 개의 얼굴은 사천왕의 일거수일투족을 빈틈 없이 파악할 수 있었으며 팔방으로 뻗은 여덟 개의 무장된 팔들은 마치 춤을 추듯 유연하게 공간을 가르며 사방에서 치고 들어오는 사천왕의 공격을 자유자재로 막아내는 것이었다. 그렇게 저물어 가는 사찰 경내에서 사천왕과 아수라 간의 격렬한 전투가 끝도 없이 이어지고 있었다.

오랜 시간 불꽃 튀는 격전에도 좀처럼 승부가 나지 않자 아수라의 왕 브리트라는 마침내 천둥치듯 커다란 소리로 울부짖어 탑 속의 아수라 군단을 불러냈다. 그러자 탑 속에서 거인 형제 히란야사와 히란카시푸가 뛰어나오고 살육자 슘바와 니슘바, 지옥의 아수라 나라카와 드비비다, 그리고 인드라신에 대항하다 아수라로 전락한 정령 카반다가 차례로 뛰어나왔다. 경내는 그야말로 아수라장이 되어 버리고 말았다. 하나같이 강폭하고 사나운 아수라 군단은 사천왕을 에워싸고 사정없이 공격을 퍼붓기 시작했다.

천하무적의 사천왕도 자신들의 두 배나 되는 적군과 대적해서 싸우기란 그리 만만한 일이 아니었다. 게다가 다면다비의 아수라 군단은 사천왕에 비해 몇 배나 많은 무기를 손에 쥐고 있었다. 일제히 공격해 오는 그들의 무기를 막아내기도 벅찬 사천왕은 공격 한번 제대로 해보지 못하고 밀리기 시작하더니 마침내 보광전 지붕 위로 쫓겨 올라가는 신세가 되고 말았다. 지붕 위에서 서로 등을 맞댄 채 사방을 겨누고 선 사천왕을 빙 둘러싼 아수라 군단은 마치 잡아놓은 먹이를 향해 다가가는 탐욕스러운 짐승처럼 슬금슬금 거리를 좁혀 들어가기 시작했다.

한편 수미산 정상의 제석궁에서 그 광경을 내려다보고 있던 제석천(인드라신)은 사태의 심각함을 한눈에 알아차렸다. 더 이상 좌시할 수 없다고 판단한 제석천은 서둘러 바주라(금강저)와 인드라망으로 무장한 뒤 폭풍우의 신 마루트가 끄는 전차에 올라타고 바람처럼 빠르게 격투의 현장으로 날아왔다.

맨 처음 제석천을 발견한 것은 옛날 신화 속에서 제석천에게 대항했다가 바주라에 맞아 머리가 몸통 속으로 들어간 카반다였다. 지금도 얼굴이 배에 달린 괴물의 형상을 하고 있는 카반다는 제석천을 보자 겁에 질려 슬금슬금 뒷걸음질치기 시작했다. 신화에서 인드라신의 바주라에 맞아 죽임을 당했던 아수라왕 브리트라 역시 제석천을 보자마자 혼비백산하여 탑 속으로 숨어들고 나머지 아수라들도 저들의 왕 브리트라의 뒤를 쫓아 달아나기에 여념이 없었다.

바로 그 때 천둥 같은 괴성을 내지르며 또 하나의 아수라가 석탑 안에서 튀어나왔다. 잘란다라라는 이름의 이 아수라는 시바신의 마음 속에 잠재해 있던 파괴의 욕구가 만들어낸 가공할 힘을 가진 아수라였다. 제석천를 비롯한 다른 신들의 힘이 강력해지는 것을 내심 두려워하던 시바신은 갠지즈강과 바다를 합쳐서 얻어낸 엄청난 에너지로 잘란다라를 탄생시켰다. 천하무적의 힘을 가진 잘란다라는 주체할 수 없는 파괴력으로 신들을 공격하기 시작했는데 그 때 제석천도 잘란다라에게 패하여 달아났던 쓰라린 경험을 안고 있었다. 이제 다시 잘란다라를 맞은 제석천은 이번에야말로 그 때의 갚음을 하리라 굳게 입을 다물었다. 잘란다라 역시 이번 기회에 반드시 제석천의 목숨을 앗으리라 잔뜩 벼르며 이를 갈았다. 이렇게 해서 제석천과 잘란다라의 필사의 결투가 시작되었다.

여러 개의 팔에 각각 예리한 무기와 철통같은 방패로 무장한 잘란다라는 소름끼치는 검은 머리카락을 휘날리며 제석천을 향해 힘껏 날아올랐다. 높이 치켜든 잘란다라의 칼날을 제석천의 바주라가 공중에서 맞받아쳤다. 아시다시피 제석천의 바주라는 번개로 된 금강 방망이였다. 바주라가 칼날에 닿는 순간 파란 번갯불이 하늘을 찌를 듯 날카롭게 번쩍이고 잘란다라는 외마디 비명을 지르며 칼을 떨어뜨렸다. 칼을 쥐었던 그의 손이 감전으로 마비되어 버렸던 것이다. 바주라의 위력에 놀란 잘란다라는 한순간 주춤하지 않을 수 없었다. 옛날에 비해 훨씬 강력해진 제석천의 힘을 알아차린 잘란다라는 전면 공격을 중지하고 작전을 바꾸기로 마음먹었다.

시바신으로부터 죽은 자를 소생시키는 힘을 부여받은 잘란다라는 곧 주문을 외어 아수라 군단의 죽은 병사들을 모조리 불러내었다. 그러자 경내 마당이 지진이 난듯 요동치더니 갈라진 땅 속으로부터 죽어있던 아수라의 병사들이 수도 없이 살아나오기 시작했다. 바주라로 일일이 그들을 대적할 수 없음을 간파한 제석천은 어깨에 걸치고 있던 인드라망을 풀어 돌진해 오는 아수라 군단을 향해 힘껏 흔들었다.

인드라망에 걸린 수많은 보석들은 화려한 오색의 빛을 발하며 밀려오는 아수라 군단을 환하게 비추었다. 그러자 보석 하나하나에 비친 아수라상은 서로를 맞비추어 더 많은 상들을 만들어 내고, 또 그 상들은 다시 서로를 되비추어 더욱 많은 상들을 만들어 내며 중중무진, 한도 끝도 없는 수의 아수라상들을 만들어 내고 또 만들어 내었다. 그 모습은 아수라 군단의 눈에 마치 수천수만의 적군들이 자신들을 향해 맹렬히 돌진해 오는 것처럼 보였다. 그만 기겁을 한 아수라 병사들은 걸음아 날 살려라 앞다투어 갈라진 땅 속으로 달아나 버리고 말았다. 잘란다라도 그들 속에 묻혀 땅 속으로 들어가 버렸는지 어디에서도 그 모습을 찾아볼 수 없었다. 제석천은 칼 한번 휘두르지 않고 수많은 적군들을 단번에 제압한 것이다.

경내에 다시 평화가 찾아왔다. 사천왕은 제석천에 합장 경배한 뒤 각각 제 위치를 찾아 석탑 속으로 되돌아가고 소임을 다한 제석천도 인드라망을 거두어 전차에 싣고 수미산 꼭대기의 제석궁으로 돌아갔다. 그리고 아무 일도 없었다는 듯 석탑은 다시 천년의 정적 속으로 잠겨들었다.

시간이 공간으로 머문 곳.

이제부터 천년고찰을 답사하실 때는 석탑과 부도탑의 조각상들을 유심히 살펴보시기 바란다.

철학을 이야기하다

김숙경 　데리다의 해체주의는 플라톤 시대로부터 현대에 이르기까지 형이상학이 추구해온 궁극적이고 최종적인 '진리의 참 존재'에 대한 끊임없는 지향과 물음들을 낱낱이 해체하는 것을 목적으로 하는 철학이라고 말할 수 있습니다.

　역사적으로 이데아(Idea: 형상)니, 신이니, 코기토(cogito : 사유하는 주체)니 하는 절대불변의 존재들이 대물림하며 차지해온 '존재의 옥좌'를 철저히 파괴하여 어떠한 존재도 '참 존재'로 군림할 수 없게 만들었다는 점에서 데리다의 철학은 니체의 철학에 비유되기도 합니다. 물론 데리다의 '해체'와 니체의 '파괴'에는 큰 차이가 있습니다만…….

　제가 스님께 묻고 싶은 것은 이러한 절대불변의 존재를 불교에서는 인정하는가 하는 점입니다.

각묵 스님    그렇지 않습니다. 불교에서는 대승 · 소승이 한 목소리로 근본적인 실체, 즉 절대불변의 존재를 인정하지 않고 있습니다. 석가모니 부처님께서 극복하고자 한 것이 바로 '아뜨만(Atman)' 사상이 아닙니까? 아뜨만은 다름 아닌 '본질적인 그 무엇'을 뜻하고, 따라서 플라톤의 이데아나 칸트의 선험적 주체 등 서양철학에서 추구해온 본질과는 근본적으로 같은 의미라고 할 수 있을 것입니다. 또한 기독교에서 믿는 '절대 신'도 같은 의미로 볼 수 있겠지요.

대개 종교가 지향하는 바는 본질과 합일을 이루고자 함이고, 합일이 불가능하다면 그것의 은총을 입겠다는 두 가지 성격을 띕니다. 그러나 불교는 이와 반대로 철저하게 해체적 방법을 제시하여 불변하는 본질, 즉 아뜨만은 없다는 것을 보여 주고 있습니다.

'나' 라는 존재도 철저하게 해체하여 보면 물질, 감각, 느낌, 지각, 심리 현상, 대상을 인식하는 요소 등 5온(蘊)이라고 하는 것들이 모여서 이루어진 현상일 뿐 '나' 라는 본질이 따로 있는 것이 아니라는 것이지요. 또한 우리가 속해 있는 이 세상이라는 것도 별개의 고정된 존재가 아닌 '나' 라는 주체의 인식기관과 인식대상과 그리고 거기에서 일어나는 정신현상으로 파악합니다.

이렇게 '나'라는 주체는 색 · 수 · 상 · 행 · 식의 5온(蘊)으로 그리고 세상은 12처(處)의 대상과 나와의 관계로 해체하고, 이를 다시 18가지로 분류하여 이들이 복합적으로 작용하여 함께 흘러가는 것이 이 세상이고 나일 뿐 그 밖에 불변하는 고정적 실체가 따로 없다는 것이지요. 그래서 B.C. 3세기경에는 정통 상좌부(Theravada)를 가리켜 위밧자 와딘(Vibhajjavadin), 즉

'분별(또는 해체)을 말하는 자들'이라 했습니다. 그런 점에서 볼 때 불교 자체도 철저한 해체라고 할 수 있을 것입니다.

김숙경    데리다가 기존 형이상학의 존재론을 해체하는 과정을 보면 자신의 논리를 세워 다른 논리 체계를 공격하는 것이 아니라 상대로 하여금 자신의 논리 속에 은폐되어 있는 모순을 드러내어 스스로 그 사실을 인정하지 않을 수 없게 만듭니다.

예를 들어 『광기의 역사』를 쓴 프랑스의 철학자 푸코의 경우, 광기 자체는 광기를 이야기할 수 없고 이성의 힘을 빌어야만 비로소 이야기될 수 있으므로 결코 순수한 광기를 논할 수 없다는 모순점을 드러내어 푸코의 주장들을 해체하게 됩니다. 시종일관 이런 방법을 쓰기 때문에 플라톤에서 현대에 이르기까지 데리다의 해체의 칼날을 피해갈 수 있는 철학자는 거의 없게 되는 것이지요.

각묵 스님    마치 용수보살의 스타일 같군요. 용수의 중관파 공(空) 사상에 오면 법까지도 철저히 분해하여 해체시켜 버리고 맙니다. 중론에 보면 모든 존재론적 가정 자체가 잘못이라 하여 존재론 자체를 부정해 버리고 마니까요. 따라서 모든 바라문교의 어떠한 언어논리도 공이라는 논리 앞에서는 견딜 수 없게 되어버립니다.

김숙경    그야말로 데리다의 해체 수법을 연상케 하는군요.(웃음)

데리다는 차연의 원리를 적용하여 어떠한 형태로도 '존재란 이런 것이다'라고 확정지을 수 없다는 존재의 불확정성을 주장하고 있는데, 존재도 부재도 아니라는 차연의 원리는 존재를 초월하여 존재론 자체를 무효화시켜 버립니다.

이러한 차연의 불확정성은 역시 존재론 자체를 부정해 버린다는 공의 논리와 흡사하다는 느낌을 받았습니다만, 스님께서는 이에 대해 어떻게 생각하시는지요?

각묵 스님　　존재도 부재도 아니라는 이야기는 있음과 없음의 양 극단을 여읜다는 불교의 중도(中道)와 통한다고 볼 수 있습니다. 중도는 다름 아닌 연기(緣起)요, 공(空)이요, 무아(無我)입니다. 즉 연기, 무아, 공, 중도는 다 같은 이야기라는 뜻이지요.

모든 존재는 연기의 법칙에 따르므로 그 안에 불변의 실체 따위는 없습니다. 이러한 연기를 공이라 표현한 것이 바로 중관사상입니다. 그리고 공이란 초기불교의 무아와 같은 개념이라고 할 수 있지요. 그래서 용수보살은 연기이기 때문에 무아고, 무아이기 때문에 공이고, 연기, 무아, 공을 실천적으로 제시한 것이 중도라 했던 것입니다.

따라서 이 네 단어는 모두 같은 것이고 다만 인연에 따라 각각 상황에 맞게 조건지어진 것을 강조할 뿐입니다. 모든 인자와 변수가 모여서 존재를 이루는 것이므로 그 중에서 특히 불변의 실체가 없다는 것을 강조할 때는 무아라 하고, 그 변수들의 조건이 모여있다는 측면에서 보면 연기이고, 이를 적극적으로 강조하면 공이란 용어로 표현되는 것이지요.

공은 '없다' 혹은 '텅 비어 있다'는 뜻이 아니라 존재하는 모든 것이 연기이므로 자성(自性)이 없는 까닭에 '공'이라는 것입니다. 자성이란 독자적 실체, 불변의 존재를 말하는 것이고 바로 이 자성이 없음이 '공'인 것이지요.

또한 중도로 말하자면 세상 모든 현상이 인연에 따라 조건지어 생겨나는 것을 보고 '있다'고 단정하지 않고, 인연에 따라 사라지는 것을 보고 '없다'고 단정짓지 않습니다. 그래서 있다, 없다의 양 극단으로부터 자유롭다는 뜻에서 중도라 합니다. 중도에서의 '중'이란 가운데를 뜻함이 아니고 있다, 없다의 양 극단에 걸리지 않는다는 뜻이며 '도'란 구체적인 실천을 제시하는 '8정도'를 말함이지요.

초기부터 후대에 이르기까지 불교에서의 부처님의 가르침은 연기, 무아, 공, 중도 이 네 가지로 조직화되어 있습니다. 그 외의 모든 설법은 다 이 네 가지를 그때 그때의 상황에 맞게 응용한 것에 불과합니다.

따라서 말씀하신 존재도 부재도 아니라는 '차연'은 불교의 핵심을 이루는 연기, 무아, 공, 중도와 모두 일맥상통한다고 보아야 할 것입니다. 물론 구체적인 부분들까지 전적으로 일치하지는 않겠지만 말이지요. 그 중에서도 굳이 어떤 측면을 강조하여 비교하자면 공과 중도에 가깝다고 봐야 하지 않을까요?

김숙경　　잘 알겠습니다. 스님의 말씀을 경청하는 동안 불교사상의 핵심이 한눈에 잡힐 듯 일목요연하게 정리되는 것 같습니다. 특히 무자성을 강조하는 공과 양 극단을 여의는 중도사상은 놀랍도록 차연과 닮아있다는 느낌이 듭니다.

차연이 존재의 불확정성을 기호학적 접근을 통하여 제시한 것이라고 한다면, 텍스트이론은 차연이 공간적 차이와 시간적 연기로 무한히 직조해 가는 연쇄적 그물망 같은 것으로 '직물짜기'라는 의미를 내포하고 있다고 하겠습니다. 마치 씨실과 날실이 끝없이 상호교차하여 직물이 짜여지는 것처럼 존재란 순수한 일점 근원도 결정된 최종의 정착지도 없이 상호간에 끝없는 차이와 연기의 얽힘으로 존재한다는 것이지요.

데리다는 모든 존재를 텍스트로 설명하며 텍스트 밖을 인정하지 않습니다. 따라서 텍스트 안에는 온전히 '자기 것'이라 주장할 수 있는 그 무엇도 자리할 수 없으며 존재와 부재, 주와 종, 근원과 파생 등의 모든 대립 개념들은 상호 맞물린 씨실과 날실처럼 얽히고설켜 서로의 정체성을 오염시킨다는 것입니다.

그런 의미에서 텍스트이론은 존재의 해체 뒤에 드러나는 나름대로의 존재방식이라 할 수 있겠는데 제가 생각하기에 이러한 텍스트이론은 불교의 연기설과 일맥상통하지 않나 생각됩니다만 스님께서는 이 점을 어떻게 보시는지요?

각묵 스님   글쎄요. 대립 개념들이 상호 맞물려 서로의 정체성을 오염시킨다는 것은 다시 말해 존재와 부재 등 모든 대립 개념의 양 극단을 지운다는 것과 같은 의미가 아닙니까? 그런 점에서 보자면 중도와 공을 강조한 것일 터이고, 상호얽힘의 관계로 존재한다는 것에 초점을 맞춘다면 연기설에 비교될 수 있겠네요. 결국 어디에 중점을 두느냐에 따라 달라질 뿐 앞서 말씀드린 바와 같이 이들은 모두 같은 개념이니까요.

텍스트이론을 존재양태라 하셨는데 연기법이야말로 천지만물이 어떤 관계로 존재하는가를 보여 주는 '존재양태론'이라고 할 수 있습니다. 모든 존재는 독자적이고 절대적인 것이 아닌 상대적이고 상호의존적인 연기의 법칙으로 존재한다는 것이지요. 그러므로 연기법은 인과의 법칙으로 보기보다는 상의(相依)의 법칙으로 보는 것이 더욱 정확하다고 해야 할 것입니다. 연기작용을 단지 시간상의 원인과 결과에 따르는 직선적인 흐름으로 보기보다는 동시에 서로의 존재를 지탱시켜 주는 동적인 상호작용으로 보는 것이지요.

김숙경　일반적으로 해체주의를 바라보는 시각은 그다지 긍정적인 것이라고 할 수 없을 것입니다. 존재 자체를 철저히 부정해 버리면 남는 것이 무엇이냐, 결국 허무주의로 흐르는 것이 아니겠느냐 하는 반론을 제기하게 되는 것이 보통이지요.

스님께서는 이 문제에 대해 어떻게 생각하시는지요? 해체는 결국 허무주의로 갈 수밖에 없는 것일까요?

각묵 스님　저는 그렇게 생각하지 않습니다. 그것은 지금까지 우리가 나눈 대화의 내용만으로도 명백하게 드러나는 사실일 것입니다. 본질의 해체는 곧 연기를 말함인데 연기설을 허무주의라고 할 수는 없는 것이지요.

중심의 해체, 즉 본질의 해체는 현실세계를 지배하는 절대기준의 잣대를 해체함이기도 합니다. 따라서 풀 한 포기, 돌멩이 하나도 의미가 있고, 소중한 것이고, 다 부처라는 것입니다.

또한 '나'라고 하는 주체의 해체는 따로 집착할 '나'란 없다는 의미가 아니겠습니까? 나와 남은 상호연기의 법칙으로 얽혀 있으므로 나와 남의 구분이 없어지고 자연히 남을 위해서 살아갈 수밖에 없게 되는 것이지요. 남이 곧 나이기도 하니까요.

그리고 영구불멸의 실체를 해체한다는 것은 열반 또한 어딘가에 따로 존재하는 고정적 실체가 아니라는 뜻이 됩니다. 탐내어 그칠 줄 모르는 욕심과 노여움, 어리석음이 소멸된 '지금 여기'를 가리키는 말이므로 바로 지금 여기에서 마주치는 매순간을 소중히 여기고 매순간 최선을 다하라는 것이지요.

결국 해체 뒤에 남는 것은 허무가 아닌 실천입니다. 따라서 해체는 허무주의가 아닌 무한히 역동적인 '힘' 그 자체 입니다.

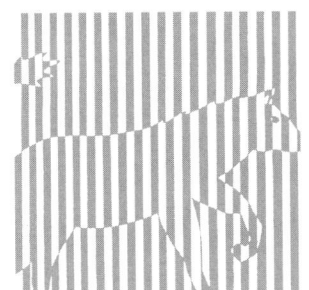

# 사건과 의미

## 사건 하나 – 유년의 기억 1

어린 시절, 아버지께서 딱 한 번 외박을 하고 들어오신 적이 있었다.(내가 알기로는) 바로 그 날 저녁 아버지와 어머니 사이에 큰 싸움이 벌어졌다. 두 분 사이에 몇 차례 거친 고함소리가 오고가는가 싶더니 갑자기 어머니가 방바닥에 털썩 주저앉아 엄청나게 큰 소리로 목놓아 울기 시작했다.

나는 난생 처음 목격한 어머니의 격렬한 행동을 어떻게 받아들여야 좋을지 몰라 무척 당황했다. 평소에는 나긋나긋한 목소리에 말수도 적으시고 머리며 옷매무새도 항상 흐트러짐 없이 단장하시던 단아한 모습의 어머니셨다. 아직 어린 동생은 영문도 모르는 채 덩달아 울음을 터뜨렸다. 아버지는 그런 어머니에게 등을 돌리고 앉아 연신 줄담배만 피우고 계실 뿐이었다.

한참을 섧게 우시던 어머니가 갑자기 벌떡 일어서더니 장롱 위에 올려져 있던 커다란 여행가방을 내려 아버지의 옷가지들을 되는대로 구겨 넣기 시작했다. 그리고는 지퍼 사이로 옷자락이 삐져나온 가방을 아버지 앞으로 던지다시피 들이밀며 집에서 당장 나가라고 소리치셨다.

순간 아버지의 두 눈에서 불이 일었다. 손에 들고 있던 담배꽁초를 거칠게 비벼 끄신 아버지는 여행가방을 뒤집어 속에 든 옷가지들을 모조리 방바닥 위에 쏟아 놓으시더니 커다란 재봉 가위를 집어 들고 북북 찢어나가기 시작했다. 멀쩡한 양복이며 와이셔츠들이 등판 한가운데 커다란 구멍을 안은 채 방바닥 위로 이리저리 내동댕이쳐졌다. 그 모습이 어찌나 무서웠던지 나는 얼른 우는 동생을 끌어안고 동생의 입을 틀어막았다. 사납게 덤비던 어머니도 겁에 질린 표정으로 슬금슬금 뒷걸음을 놓으셨다.

그런데 아버지가 그 해 새로 장만한 '런던포그' 모직 겨울 코트를 찢으려 가위를 높이 치켜드는 순간 그 때까지 속수무책으로 바라보고만 있던 어머니가 덥석 코트자락을 부여잡았다. 그 때 어머니의 눈빛은 '이것만은 절대 안돼!' 하는 듯 단호하고도 필사적인 것이었다. 그렇게 두 사람은 코트의 양쪽 끝자락을 움켜잡은 채 말없이 서로를 노려 보았다.

사실, 아버지는 망설일 것도 없이 들고 있던 가위로 팽팽하게 당겨진 코트 한가운데를 푹 내리 꽂으면 끝나는 일이었다. 그러나 내가 가슴 졸이며 우려했던 사건은 끝내 '현실의 표면' 위로 솟아오르지 않았다. 다시 말해 아버지는 '잠재성' 안에 존속해 있던 '순수 사건'의 다른 특이점을 선택한 것이었다. 마침내 아버지가 가위를 방바닥 위에 내려놓으셨다.

무릇, 모든 사건은 의미를 동반하는 법이다. 당시 아홉 살이었던 나는 부모님이 헤어지지 않으리라는 것을 직감할 수 있었다. 비로소 안도의 한숨을 내쉰 나는 울먹이고 있는 어린 동생을 들쳐 업고 밖으로 나왔다.

철학놀이

# 유년의 기억 2

내가 여섯 살 되던 해의 일이다. 아버지의 직장 관계로 나는 유년의 일부를 소읍에서 보내야 했는데 바로 그 시절의 이야기가 된다.

'박카스'라는 드링크가 언제 생겨났는지 나로서는 정확히 알 수 없으나 적어도 그 해에 내가 살고 있던 읍내의 약국으로 처음 흘러들어왔다는 것만은 분명히 기억할 수 있다. 어느 날 나는 아버지가 마시고 난 박카스 병의 주둥이를 핥아보고는 그만 그 맛에 홀딱 반해 버리고 말았다. 그러나 어머니를 졸라 한 병 얻어먹어 보려던 계획은 무참히 깨져버리고 말았다. 아무리 방바닥에 주저앉아 두 다리를 버둥거리며 징징 울어 봤자 소용이 없었다. 이유인즉 어린아이는 절대로 먹으면 안 되는 '약'이라는 것이었다.

그러나 그 어떤 이유로도 혀끝에 감돌던 달콤하고도 향기로운 맛의 기억을 잠재우기에는 충분치 않았다. 나는 생침을 몇 번이나 삼켜 보았지만 좀처럼 가시지 않고 혀끝에서 초조하게 맴도는 감미로운 기억을 몰아내기 위해 두 집 건너에 있던 혜영이네 약국으로 달려갔다.

그날따라 커다란 박카스 병을 그려 넣은 약국의 새 간판이 유독 번쩍거리며 두 눈을 쏘아댔다. 게다가 진열장 유리문을 통해 열 개도 넘는(당시 내가 셀 수 있는 최대한의 숫자가 10이었다.) 박카스 병이 어깨를 맞댄 채 가지런히 놓여 있는 모습은 이루 말할 수 없이 선정적으로 다가오는 것이었다.

'저렇게 많은 것들 중에서 하나쯤 내가 먹는다고 해서 무슨 문제가 되겠는가……'

나는 마침 아무도 없는 약국 안으로 들어가 거리낌 없이 진열장 문을 열고 박카스 한 병을 꺼내 들었다.

그 당시 박카스 병뚜껑이 어떤 모양을 하고 있었는지는 잘 모르겠지만 병뚜껑을 여는 순간 무슨 소리가 났던 것으로 기억된다. 그 소리를 듣고 약국 안쪽의 작은 방 안에 있던 혜영이 삼촌(약사)이 서둘러 밖으로 나왔다. 내가 박카스 병 주둥이에 막 입을 가져다 대려는 순간이었다. 혜영이 삼촌은 다짜고짜 박카스 병을 빼앗아들더니 내 손목을 거칠게 잡아끌고 집에 계시던 어머니에게로 데려갔다.

당시 '훔친다'라는 행위에 대한 개념조차 서 있지 않았던 나로서는 그저 '혜영이 삼촌이 내가 박카스 먹는 것을 싫어하고 있구나'라고 생각할 따름이었다. 그런 한편 약국 진열장 안에 수두룩하게 쌓여 있던 박카스 병들이 머릿속에 떠오르면서 한없이 서운한 마음이 드는 것이었다.

그런데 혜영이 삼촌으로부터 자초지종을 전해들은 뒤 어머니가 취한 행동은 더욱 이해할 수 없는 것이었다. 어머니는 미안하다며 연신 머리를 조아리더니 혜영이 삼촌이 보는 앞에서 나를 두어 차례 때렸고 그 때까지 얼굴을 찌푸리며 서 있던 혜영이 삼촌은 그제야 화가 풀린 듯 약국으로 돌아갔던 것이다.

그러나 그것으로 모든 게 끝난 것은 아니었다. 다음 날 이른 아침 회사에서 야근을 하고 돌아오신 아버지가 새벽밥을 드시는 자리에서 어머니가 그 이야기를 꺼내셨던 것이다. 성정이 불같았던 아버지는 어머니의 이야기가 미처 끝나기도 전에 밥숟가락을 놓으시더니 선잠 깬 나의 뒷덜미를 움켜쥐고 아무 말 없이 집밖으로 성큼성큼 나가시는 것이었다.

집 뒤로는 고추밭이 있었고 고추밭 뒤에는 작은 개울이 흐르고 있었다. 그리고 개울 옆 신작로 저편은 '역골'이라는 다른 마을이었다. 아버지는 한 손에는 나를, 다른 손에는 새끼줄 한 오라기를 들고서 고추밭을 지나고 개울물을 건너 신작로 가에 서 있는 커다란 미루나무 아래로 가셨다. 그리고는 가져간 새끼줄로 미루나무 기둥에 나를 묶어 놓으시더니 "도둑질을 한 아이는 벌을 받아야 해"라는 수수께끼(?) 같은 말을 남기고 뒤돌아서 가버리는 것이었다.

나는 도무지 이해할 수가 없었다. 단지 박카스를 한 병 먹어 보려던 것뿐이었는데 어째서 아버지는 신발도 신지 않은 나를 동네 한가운데 서 있는 미루나무에 묶어 놓은 것인지……. 그리고 전날 어머니와 혜영이 삼촌이 내게 가했던 심한 행위들은 다 무슨 까닭이었는지……. 게다가 도둑질은 또 무어란 말인가?

그 모든 사건들이 나에게는 단지 메마른 '질료'로만 다가왔을 뿐 어떠한 의미도 형성하지 못하고 있었던 것이다. (사실 '도둑질 하다'라는 말이 내게 의미를 동반한 '언표'로 작용하기 시작한 것은 그 후로도 한참 시간이 흐른 뒤의 일이 된다.) 그렇게 그 사건들은 아무런 의미도 동반하지 못한 채 '단순 질료'의 상태로 나의 의식 밖으로 밀려나 버렸다. 그리고 정작 나에게 의미로 다가온 사건은 다른 곳에 있었다.

그때까지, 잠시도 가만히 있지 못하는 분주한 행동파였던 여섯 살배기 꼬마의 눈에 비친 세상은 사뭇 수동적이고 정적인 것이었다. 그러나 반대로 그 분주한 몸뚱이가 꼼짝달싹 못하게 묶여진 상태에서 바라본 세상은 그전과는 전혀 다른 양상으로 다가왔던 것이다. 바로 눈앞의 개울 위에서 피어오르는 새벽 물안개는 이전에 보아왔던 하얗게 정체된 연기의 덩어리가 아닌 끊임없이 자리와 모양을 바꾸면서 꿈틀대는 살아있는 하얀 짐승과도 같았다.

　나는 내 몸이 나무기둥에 묶여 있다는 사실조차 까맣게 잊은 채 그 하얀 짐승이 스멀스멀 신작로 위로 기어 올라와 서서히 나의 벗은 두 다리를 감아 오르는 모습을 경이에 찬 눈으로 정신없이 바라보았다. 그 사건이야말로 나에게는 생생한 의미로 다가왔으며 내 '의식의 표면' 위에 매순간 끊임없는 우발점(偶發點)으로 솟아오르는 것이었다.

　잠시 후 동쪽 산마루에서부터 뽀얗게 아침햇살이 번지기 시작하자 개울 위를 두껍게 덮고 있던 물안개가 솜사탕처럼 드문드문 녹아 흩어지기 시작했다. 그 틈새로 개울가의 야생 나팔꽃 봉오리 하나가 문득 입술을 터뜨렸다.

　나의 두 다리를 휘감아 올라오던 물안개도 새벽 종소리에 놀란 전설의 흰색 구렁이처럼 스르르 몸을 풀어 어디론가 사라져 버리고 저만치 한층 선명해진 고추밭 사이로 알록달록한 색동 고무신을 손에 든 여덟 살배기 오빠가 나를 향해 걸어오고 있었다.

## 사건 둘 – 의미, 무의미, 탈의미

밥집을 나선 그가 모퉁이 가게에서 디스 한 갑을 샀다. 그 중 한 개비를 빼어 입에 물고는 라이터 불을 당겨 한 모금 깊숙이 빨아들인다. 담뱃불은 그의 손끝에서 가장 먼 곳으로부터 빨갛게 달아오른다. 불꽃은 차츰 그의 손을 향해 타 들어가고 마침내는 손끝에 닿기 전에 가차 없이 버려지고 말 것이다. 담배의 의미는 불꽃이 아니라 연기에 있기 때문이다. 연기만이 인간의 내부를 깊숙이 돌아나올 수 있다.

우리 앞에는 수많은 사건들을 접고 있는 골목길이 어둡고 긴 터널처럼 놓여 있다. 이제 우리는 무한대의 사건들이 잠재되어 있는 특이성—현실로 드러나지 않고 잠재되어 있던 사건—의 터널을 함께 통과하게 될 것이다.

골목길은 그가 뿜어낸 담배 연기처럼 모호했다. 앞으로 어떤 사건들이 우리 앞에 전개되어 갈지 적어도 나라는 주체로서는 알 수 없는 일이다. 사건이란 늘 계열(구조)들의 장 안에서 불쑥 솟아올라와 그 장 전체의 의미를 바꿔 놓곤 하는 법이니까……. 그러나 사건들의 발생이 제아무리 우발적이라 해도 이미 짜여진 구조들의 장을 벗어날 수는 없다. 장기 말이 장기판을 벗어날 수 없듯이, 부처님 손바닥 안의 손오공처럼, 주체는 뛰어 봤자 구조 안의 벼룩이다. 생각이 거기에 미치자 막막했던 가슴이 다소 편안해졌다. 어차피 일어날 일들이 일어나게 될 것이므로……. 설령 그 조합의 수가 무한대에 가깝다 할지라도 나는 능력껏 가능한 사건의 계열들을 머리 속으로 조합해 본다.

골목 안은 좌우로 서너 갈래의 좁은 샛길이 나 있고 그 모퉁이마다 찻집, 카페, 노래방이 차례로 자리 잡고 있다. 우리는 먼저 가장 가까운 찻집으로 들어갈 수도 있을 것이다. 그렇다면 그 곳에서 일어날 수 있는 '사건의 계열화'에는 어떤 것들이 있을지 생각해 본다.

현실의 표면 위로 솟아오르지 않고 계열의 장 안에 잠재되어 있는 사건을 '순수 사건'이라 할 때, 이들 '순수 사건'은 늘 시제를 초월한 부정법(不定法)으로 존재하기 마련이다. 이를테면 자리에 앉다, 차를 마시다, 대화를 하다 등등……. 이 순수 사건들을 계열화하면 '자리에 앉아서 차를 마시며 대화를 하다'가 될 것이다. 그러나 이 계열의 특이점마다에서 또 다른 사건의 계열이 갈라져 나온다.

'자리에 앉다'는 어느 테이블에 앉는가, 누가 어느 쪽에 앉는가, 창가에 앉는가, 중앙에 앉는가, 그리고 앉은 위치에 따라서도 사건의 계열들은 각각 다르게 전개되어 가리라. 그가 내 앞자리에 앉는다면 우리는 서로의 눈을 바라보며 그때 그때 상대방의 표정을 읽으며 대화를 전개해 나갈 것이다. 그러나 만약 그가 내 옆자리에 앉는다면 과연 어떤 사건이 전개되어 갈까? 어쩌면 그는 내 손을 잡을지도 모를 일이다. 아니면 내 어깨를 감싸안을지도……. 그렇게 된다면 우리 앞에는 또 다른 사건의 계열화가 펼쳐지게 될 것이다.

다음으로 '차를 마시다'라는 특이점으로 옮아가서, 메뉴판에 적혀 있는 어떤 종류의 차를 시킬 것인지, 오른손으로 들고 차를 마실 것인지 왼손으로 마실 것인지, 아니면 오른손으로 마시다가 왼손으로 바꿔 들고 마실 것인지, 그리고 몇 차례에 걸쳐 나눠 마실 것인지, 어느 정도의 간격을 두고 마실 것인지……. 이 모든 경우에 따라서도 사건은 각기 그 계열을 달리하여 무궁무진하게 전개되어 나갈 것이다.

우리가 나누게 될 대화의 내용 또한 사건의 계열화에 따라 그 성격을 달리 할 것이다. 날씨에 관한 이야기, 학문에 관한 이야기, 아니면 사랑에 관한 이야기……. 만약 그가 내 옆자리에 앉아서 내 어깨를 감싸안고 있다면 적어도 날씨에 관한 이야기를 나누지는 않을 것이다.

우리가 찻집을 나온다면 그 다음은 어떻게 될까? 차례대로 카페에 들어갈 수도, 아니면 카페를 지나쳐 노래방으로 갈 수도 있을 것이다. 어쩌면 카페와 노래방을 순서대로 밟아 갈지도 모를 일이다. 아니, 처음부터 찻집은 놔두고 카페나 노래방으로 가는 계열도 간과할 수 없다. 생각이 거기에 미쳤을 때 우리는 어느덧 찻집, 카페, 노래방을 모두 지나쳐 와 있었다. 이제 우리 앞에는 어떤 특이점이 남아있을까? 오른편으로 꺾어지는 마지막 샛길……. 그 길은 아무것도 없는 막다른 골목이다. 어쩌면 그 곳에는 '혼돈의 입맞춤' 이 우리를 기다리고 있을지도 모를 일이다.

그런데 그 막다른 골목길 안쪽 깊숙한 곳에 예상치 못했던 또 하나의 특이점이 현실의 표면 위로 솟아오르기를 기다리는 복병처럼 음흉하게 도사리고 있다. 귀퉁이가 깨어진 채 희미하게 깜박이고 있는 작은 네온 간판……, 여관. 아! 저런 특이점도 있었군.

입자와 파동이 상호 배타원리(排他原理 : exclusion principle)에 의해 파르르 경련을 일으키는 불확정성의 세계……. 그 세계 안에는 과연 어떤 사건의 계열화가 잠재되어 있을까? 그것을 마지막으로 사건의 터널은 끝이 나 있었다. 아니, 끝은 다른 세계로 이어지는 또 하나의 특이점이다. 넓은 사차선 도로와의 만남, 사차선 도로는 사차원의 우주 공간이다. 그 안에서 정해진 궤도운동을 하는 크고 작은 행성들…….

담배꽁초를 아무 데나 버린 그가 불확정성의 미소를 띤 채 그 중 하나의 행성에 몸을 싣는다. 그를 실은 행성은 그 자체로 또 하나의 우주공간이다. 그 곳은 텅 빈 진공이 아닌 꽉 들어 찬 물질공간으로 그 안의 물체들은 원격운동이 아닌 근접운동을 하게 될 것이다. 더러는 관성의 법칙과 무관한 근접운동도 포함되어 있으리라.

이제 온갖 특이성의 장을 실은 우주는 어디론가 떠나버리고 내 발 밑에는 그가 버리고 간 담배꽁초가 실존으로 남아있다. 나에게 남겨진 사건의 계열은 담배꽁초를 주워서 옆에 있는 쓰레기통에 넣느냐, 아니면 그냥 버려두고 가느냐의 두 가지 계열뿐이다. 그러나 그 어느 계열도 나에게 의미로 다가오지는 않을 것이다.

이 지점에서 나는 사르트르와는·또 다른 의미에서의 구토를 느낀다. 아니, 그것은 구토라기보다 차라리 '하혈'이다. 엉거주춤 서 있는 나의 두 다리 사이로 의미를 이루지 못한 사건들이 유산의 하혈로 쏟아져 내린다. 더러는 제법 형태를 갖춘 특이성의 계열들이 울컥울컥 덩어리져 나오기도 한다. '무의미'는 사건과 함께 현실의 표면 위로 떠올라 '의미'가 된다고 한다. 그러나 '유산된 사건'은 의미도 무의미도 아닌 '탈의미'이다

## 선택

식당 문을 나선 나는 갑자기 초조해지기 시작했다. 이제 다시금 선택의 시간에 직면하게 된 것이다. 어디로 갈 것인가, 무엇을 할 것인가……. 그러나 내가 어디로 가서 무엇을 하건 간에 그 '사건의 계열'은 한없이 촘촘

하게 짜여진 구조의 그물망 어딘가에 이미 준비되어 있을 것이고 주체의 선택이란 그렇게 짜여진 구조의 그물망, 즉 '계열의 장' 위의 어느 한 지점들을 밟아갈 뿐일 것이다. 그렇다! 사건은 항상 주체의 바깥에 놓여 있고 주체는 늘 사건을 향해 다가갈 뿐이다. 구조의 큰 틀에 입각해 볼 때, 한 사건이 주체에게 의미가 있고 없고는 크게 중요한 문제가 아니다.

식당 문을 나설 때, TV에서 주가가 하락했다는 뉴스 보도가 들려 왔었다. 그러나 주가가 상승을 했건 하락을 했건 주식을 전혀 소유하지 않은 나에게는 의미가 없는 보도였다. 그렇다고 해서 그 사건 자체가 무의미해지는 것은 결코 아니다. 아마도 그 사건의 계열화는 이렇게 이루어지리라.

'뉴스 보도에서 주가의 하락을 알렸지만 그에게는 전혀 의미가 없었다.'

그렇다면 '계열의 장'의 주체는 누구인가? 세상? 신? 그도 아니면…….

나는 착잡한 마음을 달래려 담배 한 개비를 꺼내 문다. 담배 연기가 나의 몸 속에 머무는 한, 담배 연기는 오직 나에게만 의미가 있다. 나는 흡족할 만큼 연기를 몸 속에 담아 두었다가 세상 밖으로 뿜어낸다. 곁에 서 있던 그녀가 미간을 약간 찌푸리며 고개를 돌린다. 이제 내뿜어진 연기는 내가 아닌 그녀에게 의미로 다가가는 것이다. 이 사건들은 과연 어떤 방식으로 계열화될 수 있을까? 설마 '그가 담배 연기를 내뿜자 그녀가 얼굴을 찡그리며 고개를 돌렸다'라는 계열로 모든 것을 다 설명하려는 것은 아닐테지…….

담배 연기가 나의 몸 속으로 흡수되었을 때의 그 느낌, 몸의 내부를 돌아 정신에 퍼지는 안도감……. 어떠한 언어로도 정확히 설명할 수 없는 그 부분들이 도대체 어떤 방식으로 계열화되어 있다는 것일까? 어쩌면 계열의 장의 주인(?)은 주체에는 그다지 관심이 없는 것인지도 모른다. 소유는 하되 세심한 배려는 없는 무심한 주인처럼……. 그러나 어찌 되었건 이제 나는 선택을 해야만 한다.

나는 그녀와 클래식이 흐르는 찻집에 점잖게 마주앉아서 교양 있는 대화를 나눌 수도 있을 것이다. 아니면 으슥한 골목 안으로 데리고 들어가 정신이 몽롱해질 정도로 열렬한 입맞춤을 나눌 수도 있겠지. 그러나 나의 냉정과 열정, 그 어떠한 선택도 진정으로 나의 것은 아니다.

생각이 거기에 미치자 그녀와 무작정 걷고 있던 골목 안이 갑자기 견딜수 없이 답답해지기 시작했다. 빈틈없이 얽혀져 있는 계열의 장은 마치 보이지 않는 치밀한 구조의 덫처럼 시시각각 나를 옥죄어 오는 것만 같았다. 어떻게든 빨리 이 골목에서 벗어나고 싶었다. 그러나 그녀는 여전히 아무말 없이 걷기만 할 뿐이다. 도대체 그녀는 무슨 생각을 하고 있는 것일까? 그녀는 왜 스스로 아무런 선택을 하지 않는 걸까? 만일 내가 무슨 제안이라도 하게 되면 그녀는 간단히 '예스'나 '노'로 대응하겠지. 하긴, 그것도 분명 선택은 선택이지. 젠장!

그녀는 늘 그런 식으로 모든 사건으로부터 자신을 떼어 놓으려 한다. 그렇게 한들 달라지는 것은 아무 것도 없다는 것을 그녀는 모르는 걸까? 주체는 스스로 선택을 하건 하지 않건 계열의 장으로부터 자유로울 수 없다는 것을……. 그러니 맨날 여우처럼 눈치만 보지 말고 무슨 말이건 행동이건 스스로 좀 해보란 말이다! 나는 곧 터져버릴 것 같은 가슴을 안고 잰 걸음으로 골목 안을 빠져나왔다.

골목의 끝은 사차선 도로와 만나고 있었다. 조금 전의 숨막히는 골목길에 비하면 사차선 도로는 광활한 우주공간과도 같다. 이상한 일이다. 좁은 길이나 넓은 길이나 어차피 그 자체로 꽉 짜여진 '계열의 장'임은 마찬가지일 터였다. 넓은 공간이라고 해서 계열의 그물이 성긴 것은 아닐 터인데 넓은 공간이 주는 여유와 편안함은 어디서 비롯된 것일까? 나는 곰곰이 생각에 잠겨본다.

상대성이론은 빛의 속도와 무한대의 우주공간을 조건으로 성립되는 이론이다. 어차피 인간이라는 주체의 경험을 넘어선 세계이다. 그러나 인간은 그 법칙 안에 존재하지 않는가……. 무한대로 넓은 감옥이 실질적인 감옥이 될 수 없듯이 어쩌면 주체는 무한한 구조의 장 안에서 충분히 자유로울 수 있을지도 모른다. 생각이 여기에 미치자 나의 사고는 한 단계 더 비약된다. 아니, 그보다 더욱 근본적인 문제는 주체 자체에 있는 것인지도 모른다. 주체란 대체 무엇인가? 도대체 그 실체가 무엇이기에 나는 그토록 주체에 연연해 왔던 것일까? 주체란 절대불변의 그 무엇이 아니지 않는가?

주체란 따로 존재하지 않는다. 단지 주체의 느낌, 감정, 행위, 몸 등 이 모든 것들의 복합체일 뿐이다. 그리고 그것들의 존재는 영구불변의 그 무엇이 아니고 순간적이며 시시각각 변해간다. 그렇다면 주체는 없는 것일까?

우주 도처에 '에테르'라는 매질로 꽉 채워져 있다는 주장을 뒤엎은 것은 아인슈타인의 상대성이론이다. 그의 주장은 시간이 절대적이라는 생각을 버리기만 한다면, 즉 시간이 상대적이라는 것을 인정하기만 한다면 빛의 속도의 기준으로 설정된 에테르란 개념도 필요 없어진다는 것이었다.(특수 상대성이론은 '광속 일정의 법칙'에 의해 자연히 관측자에 따르는 시간이 상대적으로 된다.) 일견 단순해 보이는 사고의 전환이 에테르라는 강박관념으로부터 인류를 자유롭게 만들어 주었다.

　마찬가지로 우리가 주체의 상대성을 인정한다면 굳이 계열의 장에 얽매일 필요는 없지 않을까? 역으로 말해서 주체가 상대적이라면 주체는 구조의 장 안에 있으면서도 충분히 자유로울 수 있지 않을까 하는 말이다. 그물에 걸리지 않는 바람처럼……. 만약 그럴 수 있다면 구조 안에 주체가 있듯이 주체 안에 구조가 있을 수도 있을 것이다. 아니, 어쩌면 주체와 구조는 상호간에 맞물려 돌고 도는 뫼비우스의 띠 같은 것인지도 모른다. 그렇다. 구조와 주체는 결코 주종의 관계가 아닐 것이다. 그래! 이제부터 시작이다. 이제부터 차근차근 생각해 보는 거다.

　나는 '유레카'를 외치는 아르키메데스처럼 온몸으로 달려가 막 나를 향해 다가오는 버스에 기꺼이 몸을 실었다. 차창 밖으로 그녀가 여전히 애매모호한 얼굴을 한 채 나를 바라보고 서 있었다. 그러나 나는 안다. 나의 어떠한 선택도 그녀에게 진정한 의미가 될 수 없다는 것을…….

# 놀이를 마치며 – 유목적 삶, 정착적 삶

오래 전부터 나는 내 안에 유목민의 피가 흐르고 있다고 생각했다. 나의 몸뚱이는 내가 태어난 곳에서 한번도 벗어나 본 적이 없었건만 나의 정신은 끝 모를 미지의 시공 속으로 마냥 달아나곤 하는 것이었다. 어디에도 안주할 수 없었고 무엇으로도 나를 묶어둘 수 없었다. 이것도 역마살이라면 정도가 심한 역마살에 속한다고 해야 할 것이다.

원래 조각을 전공했던 나는 오랜 방황기와 공백기를 거쳐 어느 정도 작업의 맛과 재미를 알아 갈 무렵 문득 그것으로부터 떠나버렸다. 날이 갈수록 솟구쳐 오르는 의구심을 떨쳐버릴 수 없었던 것이다.

'나는 왜 이것을 하고 있는가? 이게 다 무엇인가?'

언제부터인가 내 손에는 조각도 대신 책이 들려졌고 작업장을 향하던 발길은 어느덧 도서관으로 옮겨졌다. 나의 오랜 방랑은 그렇게 시작되었다. 겉으로는 매우 단조롭고 건조한 나날의 연속이었지만 내적으로는 온갖 시행착오와 갈등이 소용돌이치는 혼돈의 시간들을 보내고 있었다.

무턱대고 들어선 사유의 숲은 상상 외로 깊고 험했다. 그 곳에서 나는 닥치는 대로 높은 능선을 타고 오르기도 하고 발길 닿는 대로 가파른 골짜기를 따라 내려가기도 했다. 멋모르고 깊은 협곡으로 들어서 오랜 시간 헤매다니는가 하면 오를 수 없이 깎아지른 절벽을 맞닥뜨리기도 했다. 그럴 때면 어찌해 볼 수 없는 무력감에 빠져들었다.

그러다 우여곡절 끝에 탁 트인 벌판이라도 마주칠 양이면 그간의 고통이 한순간에 눈 녹듯 사라지는 쾌감을 맛보기도 했다. 그렇게 절망과 환희로 점철된 방랑의 여정이 한 해 두 해 거듭될수록 변화무쌍했던 사유의 숲은 어느덧 황량한 사막으로 변해 갔다. 사방 어디를 둘러보아도 하늘과 모래뿐인 그 곳은 걸어도 걸어도 늘 그 자리 같았고 오랜 시간이 흘렀는데도 항상 지금인 것 같았다. 그 상황은 외로움과 막막함이라는 또 다른 고통으로 나의 전신을 휘감아 왔다.

그러면서 좀처럼 들지 않았던 의문들이 슬금슬금 고개를 치켜드는 것이었다.

'나는 지금 어디를 향해 가고 있는가?'

'과연 제대로 가고 있는 것일까?'

말하자면 불안감이 싹트기 시작했던 것이다. 내 안에도 어쩔 수 없는 정착민의 피가 흐르기 때문은 아니었을까? 늘 자유에 대한 갈증으로 목말라 하면서도 한편으로는 어딘가에 뿌리를 내려야 한다는 초조감에 마음 한 구석이 편치 않았다.

그러나 일정한 장소에 뿌리를 내린다는 것은 여러 가지 조건에 의해 제약을 받는다는 의미이기도 하다. 그런 점에서 자유와 뿌리는 서로 상충하는 개념이 되고, 양립할 수 없는 것을 동시에 추구한다는 이율배반에 또한 스스로 고통스러워했다.

그러던 어느 날 유목적 삶과 정착적 삶은 공존할 수 있다는 사실을 알게 되었다. 농업과 목축을 겸하는 오아시스 주민들의 삶이 바로 그 대표적인 경우였다. 그들은 오아시스 주변의 땅에서 농사를 짓고 때로는 가축 떼를 몰고 초원을 찾아 이리저리 떠돌았다. 나는 비로소 한 곳에 뿌리를 내려야 한다는 강박관념과 이율배반을 범해서는 안 된다는 강박관념 모두로부터 자유로워질 수 있었다.

언제부터인가 진정한 자유는 평등 속에서만 실현될 수 있다는 믿음이 생기기 시작했다. 그 후로 나는 자유보다는 평등에 더 큰 관심을 기울이기 시작했다. 그리하여 권력과는 동전의 양면처럼 뗄 수 없는 관계를 맺고 있는 온갖 중심주의를 해체하고 주도 종도, 근원도 파생도, 우등도 열등도 없는 상호간의 만남과 얽힘이라는 상호텍스트이론은 나의 진지한 연구대상이 되어 주었다. 나는 오랜 방랑의 여정에서 닥치는 대로 주워 모았던 사유의 조각들 속에서 상호텍스트를 바탕으로 하는 공통의 사유들을 찾아나가기 시작했다.

그런데 그 과정은 의외로 큰 소득을 나에게 안겨 주었다. 모든 학문과 예술의 세계는 그 자체로 얽히고설킨 상호텍스트의 세계라는 것을 알게 된 것이다. 동서고금의 학문과 예술이 그렇게 한데 어우러져 이 시대를 관통해 흐르는 해체의 물줄기는 그야말로 혼돈 그 자체로 조화였다.

나는 비로소 내가 왜 그토록 방대한 사유의 숲을 대책 없이 헤집고 다녀야 했는지 그 이유를 알 것 같았다. 그것은 지극히 자연스러운 경로였던 것이다.

그 중에서도 특히 나의 관심을 잡아 끈 것은 동서양의 모든 만남이 이루어졌던 고대 중앙아시아의 실크로드였다. 그 곳에서 진정한 평등의 세계를 발견할 수 있었던 나는 실크로드의 중심지였던 타림분지(지금의 중국 신강성)의 잡종문화에 매료되어 푹 빠져들기 시작했다. 그 곳에는 중심을 이루는 주체적 문화는 없어도 자세히 들여다보면 들꽃처럼 조그만 '차이'들이 살아 숨쉬는 다양한 빛

깔과 향기의 문화들이 산재해 있었다. 그 차이들이 발산하는 매력에 사로잡혀 정신없이 뒤쫓다 보니 어느덧 끝 모를 사막 한가운데 들어서 있는 나를 발견하게 되었다.

더럭 겁이 났다. 이대로 사막 한가운데서 길을 잃어버리는 건 아닐까? 그러나 곧 마음을 고쳐먹기로 결심했다. 이제 나는 더 이상 방랑을 끝내야겠다는 생각도, 제 길을 찾아야겠다는 생각도 모두 접어두기로 한 것이다. 그러자 두려움도 사라졌다. 처음부터 찾아야 할 '제 길'은 없었던 것이다.

한 친구가 말하길 모름지기 죽어야 할 사람은 사막으로 가야 한다고 했다. 나는 그 말에 깊이 공감했다. '백골의 이정표'는 많으면 많을수록 유익한 법이니까…… . 나 또한 사막 한가운데서 생을 마감하게 될 것이고 결코 후회하지 않을 것이다.

'혜초와 누란의 공주'를 쓴 이후, 우연히 인도에서 유학하고 오신 각묵 스님과 함께 이 책의 대담을 엮게 되었다. 나는 인터뷰 도중 사담으로 스님께 이런 말씀을 드렸었다.

"누란의 공주야 어차피 가상의 인물입니다만 스님께서는 그야말로 혜초 스님의 경우와 비슷하신 것 같습니다."

그러자 스님께서는 호탕하게 웃으시며 이렇게 말씀하시는 것이었다.

"우리의 삶은 모두 구법의 뜻을 안고 죽음의 사막을 건너는 혜초 스님과도 같은 것입니다."

그 말씀은 사막 한가운데 서 있는 나에게 큰 위안으로 다가왔고 오래도록 여운으로 남았다.

놀이를 시작하며

# 아주 특별한 만찬

■ **데리다** [Jacques Derrida, 1930 ~ ]

프랑스 철학자. E. 후설의 현상학(現象學)을 공부하고 구조주의 방법을 철학에 도입하였다. 서양철학이 대부분 궁극적인 형이상학적 확실성이나 의미의 근원을 모색해 왔음을 비판하고 형이상학적 텍스트에 은밀히 작동하고 있는 온갖 중심주의를 철저히 해체할 뿐 어떠한 확립된 철학이론도 세우려 하지 않았다. 이른바 해체주의 또는 해체비평이라 불리는 지적 흐름의 원동력이 된 그의 작업은 철학과 문학뿐만 아니라 예술과 매스미디어의 문제에 이르기까지 폭넓은 분야를 아우르고 있다.

저서로는 『글쓰기와 차이』, 『목소리와 현상』, 『그라마톨로지』, 『철학의 여백』, 『산포』 등이 있다.

■ **아인슈타인** [Albert Einstein, 1879 ~ 1955]

상대성이론의 창시자이며, 20세기 최대의 물리학자로 꼽힌다. 광양자설, 브라운운동의 이론, 특수 상대성이론을 연구하여 1905년 발표하였다. 특수 상대성이론은 당시까지 지배적이었던 뉴턴의 역학을 송두리째 흔들어 놓았고, 종래의 시간·공간 개념을 근본적으로 변혁시켰으며, 철학사상에도 영향을 주었다. 자신의 특수 상대성이론을 중력이론이 포함된 이론으로 확대하고자 1916년 일반 상대성이론을 발표하였다. 광전효과 연구와 이론물리학에 기여한 업적으로 1921년 노벨물리학상을 받았다.

■ **최한기** [崔漢綺, 1803 ~ 1879]

조선 말기 실학자·과학사상가. 자는 운로(芸老), 호는 혜강(惠剛)·패동(浿東). 전통적인 유학 사상을 실증적·과학적으로 새롭게 발전시킨 조선 후기 실학의 대표적 학자로, 천문·지리·정치·농정·수학 등 다방면에 걸쳐 식견이 높았다. 그는 기(氣)의 철학을 계승, 발전시킨 독창적인 '운화기(運化氣) 이론' 위에 자연과학적 세계상을 확립하였고, 세계 각국의 지리·역사·과학·천문학·의학 등 서양학문을 소개하는 많은 저술을 통해 서양 과학기술의 도입을 적극적으로 주장하였다. 그는 족보에 1,000권의 저술이 있었다고 전해지는 대학자로, 『기측체의(氣測體義)』, 『인정(人政)』, 『기학(氣學)』 이외에도 수많은 저서를 남겼다.

## ▍백남준 [白南準, 1932 ~ ]

음악가 · 비디오예술가 · 행위예술가. 일본 도쿄대학교에서 미학과 미술사를 전공하고 독일 프라이부르크음악학교 · 뮌헨대학에서 현대음악을 전공하였다. 1958년 존 케이지를 만난 뒤에, 백남준은 여러 매체를 뒤섞은 미디어 작업과 더불어 행위예술로의 전환기를 맞는다. 여기서 가장 중요한 사실은 백남준이 TV라는 매체를 수용하였다는 점인데, 이것을 토대로 하여 비디오 아트의 선구자로 거듭나게 된다.


## ▍호킹 [Stephen William Hawking, 1942 ~ ]

영국 물리학자. 1966년 우주 생성 및 진화에 관한 연구로 박사학위를 받았다. 1963년 근위축성측색경화증으로 전신이 마비되어 시한부 인생을 선고받았으나 학문에 전념, 영국 과학자로서는 최고의 영예인 케임브리지대학 루카시안 석좌교수를 맡고 있다. 파이프를 통해 호흡하고 음성합성기를 통해서만 대화가 가능함에도 불구하고 블랙홀 증발 · 양자우주론 · 양자역학 · 양자중력론 등의 분야에서 괄목할 업적을 쌓았다.


## ▍노자 [老子, ? ]

이이(李耳), 노담(老聃)이라고도 한다. 초나라 고현(苦縣) 출생으로 춘추시대 말기 주나라의 수장실리(守藏室吏 : 장서실 관리인)였다. 공자가 젊었을 때 낙양으로 노자를 찾아가 예(禮)에 관한 가르침을 한 것으로 알려졌다. 주나라가 쇠퇴하자 이를 한탄하고 은퇴할 것을 결심한 후 서방(西方)으로 떠나는 도중 관문지기의 요청으로 상하 2편의 책을 써 주었다고 한다. 이것을 『노자(老子)』라고 하며 『도덕경(道德經)』이라고도 하는데, 도가사상의 효시로 일컬어진다.